Lenz
Low Carb vegetarisch

Claudia Lenz war schon als Jugendliche interessiert an alternativen Ernährungsformen. Sei es Makrobiotik, Vegetarismus oder Vollwertkost in seiner in den Anfangsjahren noch sehr rustikalen Form. Alles musste ausprobiert werden. Diese ganz persönlichen Erfahrungen mit Lebensmitteln und deren Wirkung auf den Körper konnte die Autorin mit dem Studium der Ernährungswissenschaft durch wertvolles Fachwissen ergänzen. Die Tatsache, dass wenige Kohlenhydrate auf dem Teller gut tun können, hat Claudia Lenz am eigenen Leib erfahren – lange bevor das Thema Low Carb in aller Munde war: »Täglich litt ich unter unangenehmen Symptomen eines zu niedrigen Blutzuckerspiegels zwischen den Mahlzeiten, etwa Schwindel und Kältegefühl. Seit ich Low Carb esse, gibt es diese Einbrüche nicht mehr und ich bin viel leistungsfähiger.« Claudia Lenz lebt mit ihrer Familie in Essen, arbeitet als Lektorin und Autorin von Büchern zu Ernährungs- und Gesundheitsthemen. In ihrer Freizeit findet man sie oft in der Sport- oder Kletterhalle und draußen, auf Entdeckertour durch die Industrielandschaften des Ruhrgebiets.

Claudia Lenz

Low Carb vegetarisch

Wenig Kohlenhydrate – viel abnehmen

TRIAS

Liebe Leserinnen und Leser,

vor einiger Zeit hatte ich wieder einmal die Gelegenheit, ein paar Wochen in Frankreich verbringen zu dürfen. An einem Grillwagen kaufte ich ein köstliches Brathuhn und zahlte einen horrenden Preis dafür. Zugegebenermaßen: Das Huhn war auf besondere Art zubereitet, mit leckeren Kräutern darin und darauf. Aber vor allem kamen die Hühner von einem Betrieb aus der Region. Nicht von einer dieser Mega-Hühnerfarmen von Fabrikgröße, sondern von einem mittelständischen Betrieb. Das war es, was das gute Fleisch so teuer machte.

Viele Sätze über Hühner und das in einem vegetarischen Buch, mögen Sie denken. Doch dies illustriert für mich perfekt, warum es mehr und mehr Menschen gibt, die vegetarisch leben. Zu viel Unfug bei Haltung, Transport und Verarbeitung. Zu unsicher, ob das alles gesund ist, für die Tiere, für uns. Zu teuer das Fleisch, das unter akzeptablen Bedingungen produziert ist.

Dachte man vor zehn Jahren bei Low-Carb-Ernährung noch an riesige Fleischberge, weiß man heute: Geringere Mengen an Getreide und daraus hergestellten Nahrungsmitteln, weniger Kartoffeln, weniger Süßes bedeuten nicht gleichzeitig Megasteaks und Maxifrikadellen. Kohlenhydratreduziert auf vegetarische Art zu essen ist nicht nur aus ökologischen Aspekten und aus Sicht des Tierschutzes gut, sondern es ist auch gesund und vor allem sehr abwechslungsreich: mit reichlich Gemüse, Milchprodukten, Hülsenfrüchten, ab und an Tofu und anderen Sojaprodukten. Und wer hätte gedacht, dass Lupinengeschnetzeltes (S. 66) so lecker schmeckt. Lupinen sind im Gegensatz zur Sojabohne einheimische Hülsenfrüchte mit hohem Eiweißgehalt, und die Vielfalt an Lupinenprodukten, auch im konventionellen Handel, steigt.

Lassen Sie sich mitnehmen in unsere gesunde, abwechslungsreiche, bunte und schmackhafte vegetarische Low-Carb-Küche.

Guten Appetit wünscht Claudia Lenz

Low Carb vegetarisch – so funktioniert's

In diesem Buch stelle ich Ihnen eine vegetarische und kohlenhydratreduzierte Kost vor, die sich prima dazu eignet, Übergewicht abzubauen. Und das Beste: Low Carb ist eine Ernährung, die man sein Leben lang beibehalten kann.

Das Low-Carb-Prinzip

Low Carb wird seit Jahrzehnten erfolgreich gelebt. Unzählige Abnehmwillige haben mit einer kohlenhydratreduzierten Ernährung viele überschüssige Pfunde verloren. Längst ist Low Carb erfolgreicher, als es fettreduzierte Diäten jemals waren.

Low Carb – dieser salopp verkürzende Ausdruck bedeutet »wenig Kohlenhydrate« und bezeichnet eine Ernährung mit einem niedrigen Kohlenhydratanteil. Die erste Low-Carb-Diät gab es bereits in den frühen 1970er-Jahren. Damals erlebte der amerikanische Kardiologe Robert Atkins in einem Selbstversuch, wie er durch eine Ernährung mit nur minimalem Kohlenhydratgehalt rasch abnahm. Seine streng kohlenhydratarme und stark geregelte Diät hat noch heute, mehr als 30 Jahre später, viele Anhänger.

Inzwischen gibt es zahlreiche Low-Carb-Richtungen. Extreme, nahezu kohlenhydratfreie Diäten wie auch moderatere mit Fokus auf der Insulinwirkung der verschiedenen kohlenhydrathaltigen Lebensmittel.

In diesem Buch folgen wir – wie in den vorhergehenden Bänden dieser Reihe – dem Konzept einer mäßigen bis starken Reduktion von Kohlenhydraten im Vergleich zur Normalkost. Diese Normalkost (S. 14) gemäß der Deutschen Gesellschaft für Ernährung (DGE) sieht pro Tag eine Menge von mehr als 250 g Kohlenhydraten als angemessen.

Was sind eigentlich Kohlenhydrate?

Neben Fett und Eiweiß gehören Kohlenhydrate zu den drei Nährstoffen, aus denen unser Körper Energie gewinnen kann. Doch was genau sind eigentlich Kohlenhydrate, und in welchen Lebensmitteln sind sie enthalten? »Kohlenhydrate« ist der Oberbegriff für eine große Gruppe an Stoffen. Die in unserer Nahrung wichtigsten Kohlenhydrate sind verschiedene Zuckerarten und Stärke.

Einfach- und Zweifachzucker

»Zucker« bezeichnet in diesem Zusammenhang den Sammelbegriff für alle süß schmeckenden Kohlenhydrate. Diese kommen natürlicherweise in Obst, Honig, Milch und auch in süßlich schmeckendem Gemüse vor. Als industriell hergestellte Zucker findet sich in verarbeiteten Lebensmitteln vor allem Glukose (-sirup) und Haushaltszucker (fachsprachlich Saccharose). Zucker sind chemisch gesehen nur ganz kleine Einheiten. Sie bestehen entweder nur aus einem (Einfachzucker) oder aus zwei aneinandergekoppelten

Bausteinen (Zweifachzucker). Die in unserer Ernährung häufigsten Einfachzucker sind Fruktose und Glukose, die häufigsten Zweifachzucker sind Saccharose und Milchzucker (Laktose).

Stärke ist der Hauptbestandteil von Getreide

Das Kohlenhydrat »Stärke« dagegen ist ein aus vielen Glukose-Bausteinen zusammengesetzter, komplexer sogenannter Mehrfachzucker. Stärke schmeckt – obwohl aus Zuckerbausteinen zusammengesetzt – nicht süß. Stärke ist der Hauptbestandteil von Getreide und Getreideprodukten (Mehl, Grütze, Grieß, Teigwaren, Brot und Kuchen). Natürlicherweise stärkehaltig sind außerdem Kartoffeln und reife Hülsenfrüchte.

In industriell hergestellten Lebensmitteln ist Stärke eine häufig verwendete Zutat nicht nur in Süß- und Backwaren, sondern auch in Saucen, Fertiggerichten und Dessertzubereitungen.

Und was machen Kohlenhydrate im Körper?

Kohlenhydrate dienen in unserem Körper dazu, dass schnell viel Energie bereitsteht für Muskeln und Nerven, für die geistigen und körperlichen Aktivitäten des Alltags. So ist unser genetisches Programm angelegt.

Und gleichzeitig ist Low Carb, also eine Ernährung mit einem nur geringen Anteil an Kohlenhydraten, gut und gesund? Eindeutig ja! Um das nachvollziehen zu können, sehen wir uns noch kurz den Weg der Kohlenhydrate aus dem Verdauungstrakt bis in die Zellen an.

Kohlenhydrate als Blutzuckerdompteure

Ausschließlich Einfachzucker können durch die Darmwand in die Blutbahn gelangen. Das bedeutet, dass alle Zweifachzucker und auch die langen, komplexen Mehrfachzucker erst in das Blut gelangen können, nachdem sie im Darm in ihre kleinsten Bestandteile zerlegt wor-

den sind. Am schnellsten kommen daher die bereits als Einfachzucker (Glukose, Fruktose) über die Nahrung aufgenommenen Zucker im Blut an. Kurz danach strömen die zerlegten Zweifachzucker ein, die wiederum unter anderem Glukose mitbringen.

Erst eine Weile später und über längere Zeit hinweg in mäßigen Mengen tritt dann die Glukose aus der Stärkespaltung in den Blutkreislauf ein, so lange, bis auch das letzte Stärkemolekül im Darm in seine Glukosebausteine zerlegt ist.

Süß schmeckende Lebensmittel erhöhen also fast unmittelbar den Blutzucker und das je nach Menge gegebenenfalls stark. Lebensmittel, die Stärke enthalten, erhöhen den Blutzucker immer erst zeitverzögert und immer nur moderat.

Blutzucker als Zellbrennstoff

Doch auf welche Weise wird nun der Blutzucker zu Energie für unsere Zellen? Denn das ist sein einziger Zweck! Hier kommt das Hormon Insulin ins Spiel: Es hat die Funktion, die Zellen auf Energieeinstrom zu polen. Entsprechend der Menge an Zucker im Blut schüttet die Bauchspeicheldrüse das Hormon Insulin aus. Wenig Blutzucker, wenig Insulin. Viel Blutzucker, viel Insulin. Ein Ansturm von Glukose aus einer großen

Portion eines zuckerreichen Lebensmittels, etwa süßem Gebäck mit Schokoglasur, bewirkt eine richtige Insulinflutwelle.

Fettzellen werden gemästet

Energie aus Kohlenhydraten, die vom Körper zeitnah verbraucht wird – sei es durch geistige und körperliche Alltagsarbeit oder durch Sport, wird in den Muskeln und in der Leber gespeichert. Dazu stehen aber nur sehr begrenzte Kapazitäten zur Verfügung. Sind diese Speicher aufgefüllt, wird die überschüssige Energie aus dem Essen in Form von Fett gespeichert. Und das zielsicher an unseren Problemzonen. Gemein, aber wahr. Dort, wo bereits Fettzellen sind, genau dorthin wandert auch jede weitere überschüssige Energie aus unserer Nahrung – und mästet so die Fettzellen an Bauch, Po, Beinen, Brust, Oberarmen.

Wenn das Insulinkarussell überdreht

Eine betont süße und kohlenhydratreiche Ernährung strapaziert auch die insulinproduzierende Bauchspeicheldrüse: Sie ist zu ständig wiederkehrenden starken Insulinausschüttungen aufgrund rasch anflutender Zuckerbausteine im Blut gezwungen. Und das hat kurzfristig

unangenehme Auswirkungen auf Ihr Wohlbefinden und langfristig fatale Folgen für den Stoffwechsel und Ihre Gesundheit.

Kurzfristige Folgen:
- starker Einstrom von Nährstoffen in die Zellen, auch in die Fettzellen
- Hohe Insulinspitzen führen zu nachfolgenden tiefen Insulintälern, die sich mit allen unangenehmen Symptomen einer Unterzuckerung bemerkbar machen: Schwäche, Zittern, Heißhunger auf Süßes.

Langfristige Folgen:
- Gewichtszunahme durch hohe Mengen an Zucker pro Mahlzeit und durch häufige süße Zwischenmahlzeiten
- Abstumpfen der Zellen gegenüber Insulin (fachsprachlich: Insulinresistenz), der Blutzucker kann nicht mehr in die Zellen, die Zellen leiden Energiemangel, obwohl Nahrungsenergie im Blut kreist. Die Zellen »verhungern«. Die überschüssige Energie wird in den Fettzellen eingelagert.
- Funktionseinschränkung der insulinproduzierenden Zellen in der Bauchspeicheldrüse mit denselben Folgen für die Zellen wie im vorhergehenden Punkt
- weitere Gewichtszunahme, die zahlreiche Folgeerkankungen begünstigen kann, etwa Schäden an Knochen, Gelenken und Organen, aber auch Diabetes

Low Carb als Insulindompteur

Art und Menge der Kohlenhydrate, respektive der kohlenhydrathaltigen Lebensmittel, die wir verzehren, können Auswirkungen haben auf unser Wohlbefinden, unser Gewicht und unsere Gesundheit ganz allgemein. Zuckersüßes wirkt ungünstig auf den Stoffwechsel ebenso wie zu viele Kohlenhydrate ganz allgemein, gleich ob Zucker oder Stärke.

Denn Kohlenhydrate sind untrennbar mit dem Insulin verbunden. Und dieses Hormon fördert unter anderem den Aufbau von Körperfett. Wer Fettpolster einschmelzen möchte oder auch einfach nur sein Gewicht ohne Kalorienzählen halten will, sollte seinen Insulinspiegel niedrig halten. Wie das funktioniert? Ganz einfach, indem man auf die Kohlenhydrate in der Nahrung achtgibt, vergleichsweise wenig Kohlenhydratreiches isst und vor allem wenig Zuckerreiches – kurz gesagt, indem man Low Carb lebt.

Natürlich, gesund, Low Carb
Dabei ist Low Carb ganz und gar keine neue Erfindung unseres bewegungsarmen modernen Zeitalters. Diese Ernährungsform wurde schon in Urzeiten über Jahrtausende hinweg praktiziert: Kohlenhydratarm zu essen war in der Altsteinzeit die

einzig mögliche Ernährungsform. Auf dem Speiseplan der ersten Menschen standen Beeren und andere Wildfrüchte, Nüsse, Wurzeln, Pilze, Insekten und Kleintiere.

Später konnte man mit ersten Jagdwaffen auch große Tiere erlegen. Später, in der Jungsteinzeit, gab es nicht mehr so viel zu jagen, jetzt wurde es überlebenswichtig, auch Getreide und andere Feldfrüchte anzubauen, um einigermaßen satt zu werden. Solche Ackerbauern (S. 31) gab es in Mitteleuropa allerdings erst wenige Tausend Jahre vor Christus.

Essen wie in der Steinzeit

Steinzeitmenschen und auch noch die Menschen des Mittelalters konnten sich ihre Nahrung nicht aussuchen. Gegessen wurde, was erreichbar und verträglich war, und selbst damit waren Hungerszeiten nicht ausgeschlossen.

So war die Frage, ob Low oder High Carb, über Zigtausende Jahre hinweg keine Frage des persönlichen Gustos, sondern schlicht eine Frage der Verfügbarkeit. Und diese geschichtlichen Entwicklungen zeigen: Menschen können mit beiden Ernährungsweisen gut leben.

Und der Mensch kann auch mit beiden Arten von Ernährung abnehmen – einer kohlenhydratreicheren wie einer kohlenhydratarmen, gar keine

Frage. Denn Gewichtsverlust ist ganz einfach eine Folge einer negativen Energiebilanz: Wer mehr Energie verbraucht, als er über die Nahrung zu sich nimmt, speckt ab!

Komfortabel abnehmen

Die Frage ist heute vielmehr: Wie kann ich vergleichsweise komfortabel abnehmen?
- Mit einem schmackhaften Essen,
- das alle Nährstoffe liefert, ohne dass Nahrungsergänzungsmittel nötig sind,
- ohne penibles Kalorienzählen,
- mit selbst zubereitetem Essen (ohne Formula-Produkte, ohne spezielle, industriell hergestellte Fertiggerichte).

Die Antwort ist: mit Low Carb.

Unsere Low-Carb-Ernährung ist für jedermann im normalen Alltag umsetzbar. Ohne dass Sie Tabellen und Werte auswendig lernen müssen. Ohne rote Listen verbotener Lebensmittel – stattdessen mit einer Menge Genuss beim Essen.

Auch von Experten geschätzt

In Zeiten des sich wie eine Seuche ausbreitenden Metabolischen Syndroms, einer Stoffwechselentgleisung, die mit Diabetes und Infarktrisiko einhergeht, schätzen Mediziner und Ernährungsexperten insbesondere den insulinschonenden Effekt der Low-Carb-Ernährung. Der in den Industrieländern vorherrschende Lebensstil mit überreichlich Essen, wenig Bewegung und hoher Belastung durch Stress strapaziert unser Blutzucker-Insulin-System besonders.

Abnehmen fällt mit Low Carb leichter

Experten nehmen sogar an, dass es mit Low-Carb-Ernährung den meisten Menschen leichter falle abzunehmen als mit fettreduzierten Diäten. Es zeige sich ein rascher Erfolg und das motiviere weiterzumachen. Den Fleischkonsum solle man allerdings nicht ausufern lassen – und diese Mahnung sehen wir als eine willkommene Unterstützung für dieses vegetarische Low-Carb-Buch an.

Kohlenhydratsparen – so geht's

Wie viele Kohlenhydrate sind eigentlich erlaubt bei Low Carb? Und ändert sich die Menge je nachdem, ob ich abnehmen oder mein Gewicht einfach nur halten möchte?

Die offiziellen Ernährungsempfehlungen hierzulande lauten nach wie vor so: Rund die Hälfte der Energie, die wir zu uns nehmen, sollte aus Kohlenhydraten stammen. Um zu sehen, was das bedeutet, hier eine kurze Modellrechnung. Eine mittelgroße, mittelgewichtige und mäßig aktive Frau benötigt rund 2300 Kilokalorien (kcal) pro Tag. Den offiziellen Empfehlungen zufolge sollten etwa 1150 kcal ihrer Tageskalorien aus Kohlenhydraten stammen. Das ergibt umgerechnet 280 g Kohlenhydrate als Tagesmenge. Diese Menge steckt beispielsweise in etwa in

- 1 großen Portion Müsli zum Frühstück + vormittags 1 Schokoriegel + Gemüsereis zum Mittag + 1 Stück Obstkuchen nachmittags + Käsebrot und 1 Glas Orangensaft zum Abendessen ODER in
- 2 Brötchen mit Marmelade/Honig zum Frühstück + Lasagne zum Mittagessen + nachmittags 2 Gläser Softdrink (zuckerhaltig) + abends 1 großes Sandwich ODER in
- 1 großen Schüssel Cornflakes zum Frühstück und einem Fruchtsmoothie + vormittags 1 Butterbrezel + 1 große Ofenkartoffel mit Quark zum Mittag + nachmittags 1 Nussecke vom Bäcker, abends Nudelsalat

Kohlenhydrate außen vor lassen

Leicht ist aus diesen Ess-Steckbriefen zu ersehen, wo sich hier Kohlenhydrate einsparen lassen: bei den süßen Produkten (Schokoriegel, Backwaren, zuckersüßen Getränken) und bei den stärkereichen Produkten mittags und abends wie Reis, Nudeln, Kartoffeln und Brot.

Gehen Sie mit Ihrem Kohlenhydrat-Sparprogramm in folgender Reihenfolge vor: Zuerst die Abend- und Nachmittags-Kohlenhydrate stark kürzen (geeignete Rezepte für Snacks (S. 41)) und Zuckersüßes im Tagesverlauf streichen (Schokoriegel, Obstkuchen, Nussecke, zuckersüße Getränke und auch Säfte). Belassen Sie Ihr Frühstück zunächst wie gewohnt. Für einen guten, energiereichen Start in den Tag (S. 19) kann es wichtig sein, dass Sie eine im Vergleich zu den weiteren Mahlzeiten des Tages hohe Menge an Kohlenhydraten essen.

Dem Fett eine Chance geben
Mit einer kohlenhydratreduzierten Ernährung geben wir dem Fett in zweifacher Hinsicht eine Chance:

Wie viele Kohlenhydrate dürfen es sein?

Für all diejenigen, die abnehmen wollen, empfehle ich bis zu 100 g Kohlenhydrate am Tag. Zwischen 100 g und 50 g (im Extremfall nur 30 g) wird Ihre ganz persönliche Kohlenhydrat-Tagesmenge liegen, und das hängt im Wesentlichen von zwei Dingen ab: von Ihrem Stoffwechseltyp (S. 30) und davon, ob Sie ihr Gewicht halten wollen oder weiter abnehmen möchten.

Ketogene Ernährung
Dauerhaft weniger als 30 bis 50 g Kohlenhydrate pro Tag zu verzehren wird fachsprachlich als ketogene Ernährung definiert. Wer über einen längeren Zeitraum hinweg eine nur so geringe Menge an Nahrungskohlenhydraten zuführt, zwingt den Körper dazu, Gehirn, Nerven und rote Blutkörperchen dauerhaft mit Ketonkörpern als Energielieferanten statt mit Glukose zu versorgen. Diese Ketonkörper werden in der Leber aus Fettsäuren gebildet. Eine dauerhaft praktizierte ketogene Ernährung birgt gesundheitliche Risiken und bedarf daher ärztlicher Begleitung.

Zum einen verschaffen wir dem Körper Zeit, in den Mahlzeiten enthaltenes Fett überhaupt als Energie nutzen zu können.

- Fett wird langsamer verdaut als Kohlenhydrate und gelangt somit auch erst später ins Blut.
- Fett muss aufwendig »verpackt« und, bevor es als Stoffwechselenergie zur Verfügung steht, erst wieder entpackt werden.

Zum anderen schaffen wir auf unserem Kalorienkonto Platz für gesunde Fette in unseren Mahlzeiten.

Warum Low Carb auch ohne Fleisch funktioniert

Vielleicht haben Sie sich als VegetarierIn anfangs nicht an Low Carb herangetraut, weil Sie dachten, eine Ernährung mit wenig Kohlenhydraten könne nur mit dem gleichzeitigen Verzehr von Eiweißbergen in Form von Fleisch, Geflügel und Fisch funktionieren. Vielleicht hatten Sie Bedenken, der Teller wäre ohne Fleisch zu leer. Doch Sie können ganz beruhigt sein: Low Carb ist auch auf vegetarische Art eine sättigende und gesunde Ernährungsform. Sie führt auch ohne Fleisch zum Erfolg, sei es, dass Sie abnehmen oder auch einfach nur Ihr Gewicht halten wollen.

Eiweiß, wertvoller Baustoff

Obwohl Eiweiß zu den Nährstoffen mit Energiewert zählt – es liefert mit ca. 4 kcal pro Gramm genauso viel wie Kohlenhydrate – wird es nur bei einem Mangel der beiden anderen Energieträger Kohlenhydrate und Fett von den Kraftwerken in unseren Zellen als Brennstoff herangezogen. Energielieferanten für einen geistig und körperlich aktiven Alltag sollen bei einer Ernährung nach Low-Carb-Gesichtspunkten folgende sein:

- Kohlenhydrate aus der Nahrung – nur in mäßigen Tagesmengen
- Nahrungsfett und das in den Fettzellen gespeicherte Fett

Eiweiß in guter Qualität

Eiweiß dient in unserem Körper vorrangig als Bausubstanz. Das mit der Nahrung aufgenommene Eiweiß muss daher all die Bausteine liefern, die für die Erneuerung aller Zellen und die Bildung aller Arten von Botenstoffen und Enzymen in unserem Körper benötigt werden.

Daher brauchen wir – auch bei einer reduzierten Menge an Kohlenhydraten – Eiweiß in nur mäßigen Mengen, jedoch in guter Qualität (S. 17). Es gibt bei einer ovo-lakto-vegetarischen Ernährungsweise, also wenn Sie im Rahmen Ihrer vegetarischen Ernährung auch Milchprodukte und Eier essen, eine ganze Menge guter Eiweißlieferanten: tierisches Eiweiß aus Milchprodukten und Eiern, dazu eine ganze Palette an pflanzlichen Eiweißlieferanten, darunter auch Sojaprodukte mit ihrem qualitativ sehr hochwertigen Eiweiß.

Ihr vegetarischer Low-Carb-Alltag

Im Schnitt essen Vegetarier mehr Milchprodukte und Eier als Nicht-Veggies, außerdem etwas mehr Gemüse. Doch was gibt es nun in der vegetarischen Low-Carb-Küche konkret zu essen? – Beispielsweise könnten Bohnenkerne, Linsen oder auch Kichererbsen zu neuen lieben Dauergästen auf Ihrem Speisezettel werden. Denn sie sind Multitalente in Sachen Gesundheitswert: Sie enthalten hohe Mengen pflanzliches Eiweiß (um die 8 – 10 g in 100 g gegarten Hülsenfrüchten). Zugegebenermaßen, getrocknete Bohnenkerne und auch Kichererbsen brauchen lange, bis sie weich gekocht sind. Wir verwenden sie deshalb am liebsten als Konserve, bereits vorgegart.

Keine Angst vor Kohlenhydraten

Sie machen ja keine No-Carb-Diät! 100 g gegarte weiße Bohnenkerne enthalten beispielsweise nur 17 g verdauliche Kohlenhydrate und zusätzlich 3 g Ballaststoffe. Bei den roten Kidneybohnen sind es 15 g und 9 g. Gekochte Linsen liefern 18 g verdauliche Kohlenhydrate und 8 g Ballaststoffe, gegarte Kichererbsen 18 g und 10 g. Probieren Sie doch einmal unsere Linsenrezepte: Linsenbratlinge mit Sommersalat (S. 69), Linsencurry (S. 70) oder Wirsingpäckchen mit Pastinakenpüree (S. 101).

So viel Eiweiß enthält

Lebensmittel	Eiweißgehalt pro 100 g
Milchprodukte	
Milch/Joghurt (3,5 %)/Buttermilch/Kefir	3 g
Quark (Magerstufe)	13 g
Ricotta	9 g
Frischkäse (alle Fettstufen)	11 g
Sahne/saure Sahne/Schmand/Crème fraîche	3 g
Hartkäse (Emmentaler, Bergkäse)	28 g
Schnittkäse (Edamer, Gouda)	25 g
Camembert (30 %)	23 g
Blauschimmelkäse (50 %)	22 g
Gemüse	
Erbsen, Dicke Bohnen	7 g
Grünkohl, Rosenkohl	4 g
Zuckerschoten	4 g
Sojabohnensprossen	5 g
getrocknete Sojabohnen	38 g
getrocknete sonstige Bohnen, getrocknete Linsen	23 g
Samen und Nüsse	
Sesamsamen, Pistazien	20 g
Pinienkerne, Sonnenblumenkerne, Kürbiskerne	24 g
Erdnüsse	26 g
Cashewkerne, Mandeln	18 g
Tofu und Co.	
Sojamilch	4 g
Tofu	8 g
Tempeh	19 g

Mit dabei: Sojaprodukte

Das wohl bekannteste Sojaprodukt neben Sojamilch ist Tofu, der hierzulande seine Karriere in den ersten Öko- und Bioläden begonnen hat. Inzwischen hat er längst in die Regale der konventionellen Supermärkte Einzug gehalten und ist in getrockneter vorverarbeiteter Form als Fleischersatz in der Biofood-Abteilung des Drogeriemarkts zu finden. Die weißen Blöcke des frischen Tofu gibt es in festerer und sehr weicher Konsistenz. Letzterer eignet sich gut zum Pürieren, um daraus quarkartige Cremes herzustellen.

Der feste Tofu wird in Scheiben oder Würfel geschnitten, gebraten oder frittiert, nicht ohne vorher eine gute Portion an Würze abbekommen zu haben, seien es getrocknete Gewürze, eine Marinade oder gar eine Panade. Denn roher Tofu hat kaum Eigengeschmack. Das macht ihn aber zu einem idealen Kandidaten fürs Räuchern. Schauen Sie sich doch mal im Kühlregal Ihres Supermarkts um, da finden Sie neben Räuchertofu vielleicht auch noch andere Tofuvarianten. Probieren Sie eines unserer Tofurezepte: Tofu-Cordon-bleu mit Paprikagemüse (S. 86), Panierter Tofu mit Möhrenpüree (S. 85), Sesamgemüse mit Tofuwürfeln (S. 86).

Sojafleisch bzw. -geschnetzeltes, das sich nur durch die Größe der Stücke unterscheidet, wird industriell aus aufgepufftem Sojabohnenmehl hergestellt. Es muss vor der Zubereitung quellen und kann dann z. B. als »Schnitzel« gebraten oder für Ragouts, Füllungen und als Einlage in Suppen und Saucen verwendet werden (Soja-Geschnetzeltes mit Fenchel (S. 88)).

Im Kommen: Lupinenprodukte

Wem die Sojabohne nicht so sympathisch ist – weil sie aus fernen Ländern eingeführt werden muss, weil sie eventuell gentechnisch verändert ist oder auch weil sie hormonartig wirkende Pflanzenstoffe enthält –, der hat mit Lupinenprodukten eine hervorragende Alternative. Aus den Samen der Süßlupine werden nahezu die gleichen Lebensmittel hergestellt wie aus Sojabohnen: von Brotaufstrichen über Geschnetzeltes bis hin zu Convenience-Schnitzel und -Gyros. Außerdem gibt es Fertigmischungen für Lupinen-Burger. Es lohnt sich ein Blick in Online-Bio-Shops oder ein Gang in den Bio-Supermarkt, schon allein um den angenehm nussigen Eigengeschmack der Süßlupine kennenzulernen.

Bio-Supermarkt Grundsätzlich lohnt sich ein Besuch in einem größeren Bio-Supermarkt, wenn es um speziell vegetarische Snacks und Brotzeiten geht: Dort findet sich neben verschiedenen Tofuprodukten eine große Auswahl an vegetarischer »Wurst« und Fleischalternativen, hergestellt aus pflanzlichem Eiweiß. Auch vegetarische Aufstriche, von denen sich viele ideal als Dip für Rohkost eignen, gibt es dort – von süß bis pikant, von mild bis scharf in allen Geschmacksrichtungen.

So abwechslungsreich wie möglich
Es sollten im Verlauf einer Woche möglichst viele verschiedene Lebensmittel auf den Teller kommen. Hier einige Beispiele:
- mal Eier, mal Joghurt, mal Käse
- mal Fruchtgemüse wie Gurke, Tomate, Aubergine, Paprika, mal Wurzeln und Knollen wie Möhren, Pastinaken, Mairübchen, Sellerie
- mal frische Hülsenfrüchte wie Erbsen und Bohnen, mal Zwiebelgemüse, zu dem auch Lauch gehört
- mal eine kleine Portion Getreide (Flocken, Nudeln, Reis, Hirse), mal ein paar kleine Kartoffeln
- mal ein fruchtiges Dessert zum Abschluss, mal etwas Käse
- mal Olivenpaste auf dem Low-Carb-Brötchen, mal selbst gemachte Marmelade

Probieren Sie sich durch unsere Rezepte. Und entdecken Sie Ihre ganz persönlichen Lieblingsgerichte. Und wenn Sie einmal nicht kochen wollen, lassen Sie sich von unseren Imbissvorschlägen (S. 41) inspirieren.

Gutes Eiweiß: Die Mischung macht's

Das Eiweiß eines jeden natürlichen Lebensmittels besteht aus einer für dieses Lebensmittel charakteristischen Art und Anzahl von Aminosäurebausteinen. Erdnusseiweiß ist aus anderen Aminosäuren zusammengesetzt als Kuhmilcheiweiß. Eiweiß aus tierischen Produkten ist für uns besonders wertvoll, da es unserem eigenen menschlichen Körpereiweiß am meisten ähnelt. Fachsprachlich sagt man, es hat eine relativ hohe biologische Wertigkeit.

Biologische Wertigkeit
Aber auch manches pflanzliche Eiweiß ist von guter Qualität: Kartoffeleiweiß, Sojabohneneiweiß und auch das von Reis hat eine relativ hohe biologische Wertigkeit. Weizenkeime und Hafer können ebenfalls ziemlich effizient in Körpereiweiß umgewandelt werden. Vielfalt auf dem Speiseplan stellt am besten sicher, dass wir all die einzelnen Aminosäurebausteine aufnehmen, die unser Stoffwechsel benötigt.

Häufig gestellte Fragen

Droht bei einer längerfristigen vegetarischen Low-Carb-Ernährung womöglich ein Mangel? Vegetarisch zu essen ist auch in der Low-Carb-Variante ganz einfach umzusetzen. Sie brauchen keine Angst zu haben vor einem Mangel an Nährstoffen. Es gibt keinen einzigen Nährstoff in Fleisch, Geflügel und Fisch, der nicht auch in vegetarischen Lebensmitteln zu finden wäre. Immer wieder in der Diskussion waren Eisen, Vitamin B_{12} und Vitamin D, an denen Vegetarier Mangel leiden würden. Tatsache ist, unser Körper benötigt eine Vielzahl unterschiedlicher Nähr- und Vital-stoffe. Und am besten können wir ihn damit versorgen – ganz ohne Nährwerttabellen auswendig zu lernen –, wenn wir ihm möglichst viel-fältige Kost geben.

Warum gibt es in diesem Buch keine absoluten Kalorienempfehlungen? Man kann keine Aussagen treffen, wie viele Kilokalorien jemand genau benötigt am Tag, um abzunehmen oder sein Gewicht zu halten. Zu un-terschiedlich sind die körperlichen Verhältnisse: Die eine ist groß und schlank, der andere gedrungen, der eine hat veranlagungsbedingt viele Muskeln, die andere weniger. Eine ist ein wahrer »Unruhegeist« und be-wegt sich viel, auch im Alltag, der andere hat ein eher phlegmatisches Naturell. All diese Faktoren beein-flussen den Energiebedarf und damit die untere Kaloriengrenze, ab der man beginnt abzunehmen.

Ich nehme nicht (mehr) ab, obwohl ich Low Carb esse! Wahrscheinlich haben Sie Ihren Stoffwechsel noch nicht aus seinem Energiesparmodus herausgelockt. Bringen Sie mehr und vor allem regelmäßig Bewegung in Ihren Alltag. Schlafen Sie ausrei-chend, sonst ist die hormonelle Lage nicht dazu geeignet, Gewicht zu ver-lieren. Dasselbe gilt für Stress. Auch er sorgt dafür, dass Fett nicht einge-schmolzen werden kann. Sorgen Sie also für einen Ausgleich zum stres-sigen Alltag. Vielleicht essen Sie auch zu kalorienarm. Ja, so seltsam das klingen mag, Sie müssen Ihrem Stoffwechsel durchaus auch etwas zu futtern geben, damit er die Systeme hochfahren und Fett abbauen kann. Versuchen Sie es einmal für eine Weile mit 100-g-Kohlenhydrat-Ta-gen, die Sie folgendermaßen struk-turieren: ein High-Carb-Frühstück (großes Obstmüsli oder Brötchen mit süßem Aufstrich), auf das Sie ein Low-Carb-Mittagessen und ein No-Carb-Abendessen folgen lassen. In vielen Fällen gibt das den Aus-schlag in die richtige Richtung.

Wie sieht es mit den Getränken bei Low Carb aus? Ohne Wasser kann unser Körper keine Stoffwechselleis-tungen vollbringen. Fehlt ihm Flüs-sigkeit, verlangsamen sich die Ab-läufe, nicht zuletzt auch das Abneh-men. Trinken Sie also um die 2 Liter Wasser am Tag. Empfehlenswert sind Leitungswasser oder mit Koh-lensäure versetztes Mineralwasser sowie heiße oder kalte Kräutertees, grüner Tee oder kalorienfrei aroma-tisierte Wässer. In geringen Mengen sind auch kalorienfreie Light-Limo-naden völlig in Ordnung, ebenso wie Schwarztee oder Kaffee. Beim Sport ist Apfelschorle ein geeigneter Durstlöscher. Alkoholische Getränke bringen Kalorien mit sich, die zu-allererst – noch vor den schnellen Kohlenhydraten – im Stoffwechsel verbrannt werden. Bedenken Sie das, wenn Sie mit Low Carb abnehmen wollen. Abgesehen davon dürfen Sie natürlich ein Glas Bier oder Wein zu den Mahlzeiten genießen.

Ich war einen Tag lang schrecklich inkonsequent, habe Kuchen ge-schlemmt und abends beim Italiener einen großen Teller Pasta bestellt. Muss ich jetzt einen Fastentag ein-legen? Haben Sie vor allem kein schlechtes Gewissen! Und essen Sie jetzt ganz normal low carb weiter wie vorher; Fasten würde das Ab-nehmen erst recht ausbremsen. Idealerweise wiegen Sie sich nach einem solchen High-Carb-Tag erst einmal ein paar Tage nicht, denn die Waage wird Ihnen mehr Gewicht anzeigen. Allerdings ist dieses Ge-wichtsplus im Wesentlichen Wasser, das sich in den Zellen mit anlagert an die eingelagerten Kohlenhydrate aus dem High-Carb-Essen. Wenn Sie danach wieder ganz normal nach Low Carb essen, geben die Zellen nach und nach nicht nur diese Kohlenhydrate, sondern auch das daran gebundene Wasser wieder frei.

Ihr Low-Carb-Lebensmittelfinder

Finden Sie in dieser Übersicht geeignete kohlenhydratarme Lebensmittel für Ihre Low-Carb-Mahlzeiten. Und sehen Sie gleichzeitig eine Auswahl an Stoffen, die die Lebensmittel als Plus mitbringen. Für das Frühstück haben wir eine eigene Rubrik erstellt, weil zu Beginn des Tages auch im Rahmen von Low Carb durchaus kohlenhydratreichere Lebensmittel auf dem Speisezettel stehen dürfen. Kein Problem nach den vielen Stunden ohne Essen, die auf ein Low-Carb-Abendessen folgen. Immerhin brauchen Sie morgens ja Startenergie für Ihren Alltag.

Ich möchte meinen Low-Carb-Tag gesund beginnen. Wie?
- Vollkornbrot, Vollkornflocken, Sojaflocken und Flakes aller Art liefern Ballaststoffe.
- Beerenobst, säuerliches Obst, Zitrusfrüchte, Papaya, etwas Melone liefern jede Vitamine, Mineralstoffe und sekundäre Pflanzenstoffe (100–125 g).

- Milch und Joghurt liefern hochwertiges tierisches Eiweiß.
- Selbst gemachte (Low-Carb-)Marmeladen, Fruchtaufstriche liefern Vitamine.
- Vegetarische Aufstriche liefern hochwertiges pflanzliches Eiweiß – für den KH-Gehalt können Sie im Schnitt für eine große Portion von 30 g etwa 3 kcal rechnen. Bei den üblichen Belagsdicken fällt der Kohlenhydratgehalt nicht wirklich ins Gewicht!

Ich möchte eine warme Mahlzeit kochen. Was ist Low Carb?
- Eier liefern hochwertiges tierisches Eiweiß.
- Sojafleisch, Tempeh, Tofu und Lupinengeschnetzeltes liefern sehr hochwertiges pflanzliches Eiweiß und Tempeh und Sojafleisch zusätzlich reichlich Ballaststoffe.
- Milchprodukte natur liefern hochwertiges tierisches Eiweiß.
- Geringe Mengen an Vollkornprodukten bringen zusätzlich Ballaststoffe (100 g gekochte Vollkornnudeln, ca. 30 g rohe Nudeln, liefern etwa 20 g KH und 6 g Ballaststoffe, 100 g gekochter Naturreis, ca. 30 g roher Reis, liefern etwa 20 g KH und 3 g Ballaststoffe).
- Geringe Mengen an Kartoffeln – ca. 2 mittelgroße Kartoffeln – sind okay und liefern zusätzlich pflanzliches Eiweiß.
- Alle Gemüse und Pilze liefern jede Menge verschiedener Vitalstoffe,

neben Vitaminen und Mineralstoffen vor allem sekundäre Pflanzenstoffe und Ballaststoffe. Die Mengen dürfen unbegrenzt groß sein, man schafft gar nicht so viel, dass es kritisch werden würde, auch nicht mit Möhren!
- Hülsenfrüchte liefern zusätzlich Ballaststoffe – rechnen Sie ungefähr 50 g Trockenprodukt.
- Hochwertige Öle zur Zubereitung (Olivenöl, Rapsöl) liefern reichlich ungesättigte Fettsäuren und fettlösliche Vitamine.

Ich möchte eine kalte Mahlzeit essen. Was ist Low Carb?
- Hart gekochte Eier liefern hochwertiges, tierisches Eiweiß.
- Sojawurst und gewürzter Tofu liefern sehr hochwertiges pflanzliches Eiweiß.
- Milchprodukte (möglichst natur oder pikant aromatisiert, süße Milchprodukte sind oft sehr zuckerhaltig) liefern hochwertiges pflanzliches Eiweiß.
- Käse aller Art liefert hochwertiges, tierisches Eiweiß und Vitamin D.
- Pikante, vegetarische Brotaufstriche enthalten vielfach hochwertiges pflanzliches Fett und Eiweiß.
- Alle roh zu verzehrenden Gemüse, Blattsalate, Pilze (z. B. Champignons) liefern jede Menge verschiedener Vitalstoffe, neben Vitaminen und Mineralstoffen vor allem sekundäre Pflanzenstoffe und Ballaststoffe. Greifen Sie beherzt zu!

Die Kohlenhydratmenge ist klein! Man kann sich praktisch nicht überfrachten mit zu vielen Gemüse-KH, weil man vorher pappsatt ist wegen der schieren Menge.

- Vegetarische Brotbeläge aus dem Bioladen (oftmals auf Sojabasis) liefern hochwertiges, pflanzliches Eiweiß) – die Kohlenhydrate fallen bei den üblichen Belagsdicken nicht wirklich ins Gewicht.
- Low-Carb-Brot enthält nicht so viele Kohlenhydrate wie »normales Brot«. Das erste Eiweißbrot, das auf den Markt kam – das »Eiweiß-Abendbrot« – hat ca. 5 g KH pro 100 g. 2 Scheiben des relativ luftigen Brots (à 35 g) enthalten nur ca. 3,5 g KH – absolut empfehlenswert. Brote aus dem Supermarkt liefern oft mehr Kohlenhydrate, ca. 10 g pro 100 g, also etwa das Doppelte.
- Hochwertige Fette und Öle als Aufstrich und zur Zubereitung liefern ungesättigte Fettsäuren und fettlösliche Vitamine.
- Beerenobst und anderes säuerliches Obst in Maßen liefern Vitamine und Mineralstoffe sowie Ballaststoffe (100–125 g).
- Nüsse und Samen liefern ungesättigte Fettsäuren und fettlösliche Vitamine.

Morgens und mittags: gute Kohlenhydrate

Mit Low Carb essen Sie insgesamt weniger Kohlenhydrate, aber niemals kohlenhydratfrei. Das sollte auch keinesfalls das Ziel sein. Lassen Sie die guten Kohlenhydrate auf Ihrem Speisezettel. Das sind die Kohlenhydrate aus natürlichen Nahrungsmitteln wie Obst, Getreide (Flocken, Reis, Vollkornpasta usw.) sowie aus stärkehaltigem Gemüse (Kartoffeln, Möhren, Pastinaken, Sellerie). Denn sie liefern uns wichtige andere Nährstoffe wie Vitamine, Mineralstoffe, Ballaststoffe und für unsere Gesundheit bedeutsame Pflanzenstoffe gleich mit. Ballaststoffe aus Pflanzenfasern sind in mehrfacher Hinsicht bedeutsame Stoffe für unseren Körper: Sie liefern keine Energie, sondern passieren den Verdauungstrakt unverdaut. Dabei unterstützen Sie auf natürliche Weise die Darmfunktion und binden gleichzeitig Schadstoffe, die sie so aus dem Körper transportieren. Ballaststoffe tragen während der Mahlzeit mit zur Füllung des Magens bei und damit zu einem rechtzeitigen Sättigungsgefühl.

Abends nur wenig Kohlenhydrate

Gute Kohlenhydrate stehen in mäßigen Mengen morgens und mittags auf dem Speiseplan. Abends spielen sie eine nur geringe Rolle, vor allem dann, wenn Sie abnehmen wollen.

Wenn Sie sich nach den einfachen Regeln von Low Carb ernähren, vermeiden Sie weitgehend schlechte Kohlenhydrate. Dabei handelt es sich um isolierten Zucker und isolierte Stärke wie sie etwa in gezuckerten Getränken/Softdrinks, süßem Gebäck und Süßigkeiten vorkommt.

Immer: gute Fette

Längst wissen wir, dass nicht das Fett im Essen schuld ist am Fett auf den Hüften. Fettpolster wachsen durch jegliches dauerhafte Zuviel an Nahrungsenergie. Low Carb jedoch lässt in Ihrer Kalorienbilanz Platz für gesundes Fett. Denn die Bescheidenheit bei den Kohlenhydraten schafft etwas Freiraum auf dem Speiseplan für gesunde Mengen guter Fette. Dazu gehören diejenigen Fette und Öle mit einem hohen Gehalt an einfachen und mehrfach ungesättigten Fettsäuren. Diese besonderen Fettbausteine haben vielfältige gesundheitserhaltende Funktionen im Körper: Sie werden z. B. benötigt, um körpereigene Botenstoffe aufzubauen. Außerdem sind sie wichtig für unsere Nerven, denn sie finden sich in den Hüllen von Nervenzellen.

Ungesättigte Fettsäuren sind in folgenden Lebensmitteln enthalten, die aus diesem Grund regelmäßig auf dem Speiseplan stehen sollten: Olivenöl, Rapsöl, Leinöl, Walnussöl, Sojaöl, alle Nüsse und Samen wie z. B. Sonnenblumenkerne, Sesamsamen, Walnüsse, Pekannüsse, Leinsamen, Erdnüsse. Täglich esslöffelgroße Mengen von zwei bis drei dieser Lebensmittel sichern uns bereits eine gute Versorgung mit ungesättigten Fettsäuren.

Low Carb eignet sich nicht für Veganer

Veganer vermeiden alle Nahrungsmittel tierischen Ursprungs. Und zwar nicht nur Nahrungsmittel, für die Tiere getötet werden müssen, also Fleisch, Geflügel und Fisch, sondern auch tierische Produkte wie Milch, Eier und Honig oder auch – abseits des Themas Kochen – Wolle, Seide, Leder. Die häufigste Motivation, vegan zu leben, ist ethischer Art: Tiere sollen dieselben Rechte haben wie Menschen. Ihnen Schmerzen und Leid zuzufügen ist unmoralisch, ihre Freiheit einzuschränken, z. B. in der kommerziellen Nutzung und Züchtung, ebenso.

Bleibt für die tägliche Ernährung von Veganern die große Vielfalt der pflanzlichen Lebensmittel: Gemüse, Obst, Getreide und alle daraus hergestellten Produkte, Kartoffeln, Hülsenfrüchte, Öle, Nüsse und Samen.

Veganer brauchen Getreide

Die Qualität einer Ernährungsform hängt unter anderem stark davon ab, ob sie geeignet ist, unseren Eiweißbedarf zu decken. Ob sie also all die Eiweißbausteine in ausreichender Menge liefern kann, die für die Neubildung von Zellen und deren Reparatur sowie für die Bildung von körpereigenen Botenstoffen Tag für Tag benötigt werden.

Mit Low Carb vegetarisch stehen auf Ihrem Speiseplan folgende wichtige und kohlenhydratfreie pflanzliche wie auch tierische Eiweißlieferanten: Milchprodukte, Käse und Eier, getrocknete Hülsenfrüchte, Nüsse, Mandeln und Samen. Sie werden kombiniert mit kleinen Portionen an kohlenhydratreichen pflanzlichen Eiweißlieferanten, wie es Getreide, die sogenannten Pseudogetreidesorten (Buchweizen, Amaranth, Quinoa) und Kartoffeln darstellen. Sie tragen in der Mischung dazu bei, dass alle vom Körper benötigten Eiweißbausteine in einer angemessenen Menge tagtäglich zur Verfügung stehen.

Veganer können nur dann eine gute Eiweißversorgung sicherstellen, wenn sie ausreichend Kartoffeln, Hülsenfrüchte und (Vollkorn-)Getreide bzw. daraus hergestellte Produkte essen. Sie sollten außerdem möglichst oft getrocknete Hülsenfrüchte und (Vollkorn-)Getreideprodukte miteinander kombinieren. Dann kann unser Körper das pflanzliche Eiweiß besonders effizient als Baustoff verwerten.

Viele der natürlichen pflanzlichen Eiweißlieferanten sind allerdings gleichzeitig bedeutende Kohlenhydratlieferanten, so beispielsweise alle Getreide und getreideähnliche Samen, aber auch Kartoffeln. Und diese sind im Rahmen von Low Carb nur in vergleichsweise geringen Mengen sinnvoll.

Damit laufen Veganer bei einer Low-Carb-Ernährung Gefahr, dem Körper wichtige Nahrungsbausteine vorzuenthalten. Das verhindert zum einen kurzfristig gesehen die gewünschte Stoffwechselaktivierung und verursacht zum anderen langfristig Schäden an allen aktiven Strukturen wie Muskeln sowie Hormon- und Nervensystem.

Langfristig drohen körperliche Schäden

Möchte man das verhindern, bedarf es für eine vegane Variante von Low Carb fundierter ernährungswissenschaftlicher Kenntnisse bzw. ernährungswissenschaftlicher Beratung, um den Speiseplan zu optimieren.

Zudem wird eine Einschränkung auf rein vegane Lebensmittel dazu führen, dass der Low-Carb-Speiseplan sehr eintönig ist bezüglich der Lebensmittelauswahl die Eiweißlieferanten betreffend. Ganz im Gegensatz dazu können wir für die vegetarische Version von Low Carb eines in jedem Fall garantieren: abwechslungsreiches Genießen.

Abnehmen mit Bewegung

Eine kohlenhydratreduzierte Ernährung hilft, den Stoffwechsel auszubalancieren, und bewirkt, dass der Stoffwechselweg für die Energiegewinnung aus den körpereigenen Fettdepots (wieder) geöffnet wird. Und dennoch gibt es viele Abnehmwillige, deren Körper – bereits kurz nach hoffnungmachenden ersten Abnehmerfolgen – wieder verzweifelt festhält an den Pfunden. Und das, obwohl weiterhin Low Carb gegessen wird.

Das ist natürlich superfrustierend! Doch in den meisten Fällen gibt es hier einen einfachen Ausweg: mehr Bewegung.

Ohne Bewegung geht's nicht

Low-Carb-Ernährung kann nur dann zu einem nachhaltigen Abnehmerfolg führen, wenn Sie gleichzeitig mit der Ernährungsumstellung mehr Bewegung in Ihren Alltag bringen. Denn das aktiviert den Stoffwechsel und bringt ihn auf ein höheres Niveau. Damit kurbeln Sie alle Abläufe im Körper an, auch die Energieverbrennung aus gespeichertem überflüssigem Fett.

Jede Art körperlicher Aktivität, die Sie kräftiger atmen lässt, ist ein Garant dafür, dass auch die Fettverbrennung angekurbelt wird. Dabei muss die körperliche oder sportliche Belastung gar nicht allzu intensiv sein. Wichtig ist, dass sie 20–30 Minuten dauert.

Wer Sport treibt, vermehrt seine Zellkraftwerke

Wenn Sie sich anfangs dreimal pro Woche körperlich betätigen, wird Ihr Körper rasch darauf reagieren: Die beteiligten Muskeln wachsen und es werden neue Muskelzellen gebildet. Und jede einzelne davon besitzt ein winziges Zellkraftwerk, in dem Energie verbrannt werden kann, jeden Tag, zu jeder Zeit, auch in Ruhe. So aktiviert regelmäßige Bewegung nicht nur kurzfristig den Energieumsatz und den Fettabbau. Das Aktiv-Programm hat außerdem zur Folge, dass unser Körper auch in Ruhe einen höheren Grundenergieumsatz hat: mehr (Muskel-)Zellen, mehr Zellkraftwerke, mehr Energieumsatz, in jeder Minute.

Küchenschrank-Basics

Wenn Sie zu Hause einen gewissen Vorrat anlegen, ist das Einkaufen vor dem Kochen längst nicht mehr so aufwendig. So macht Kochen gleich mehr Spaß, und Sie werden bald Lust bekommen, Low-Carb-Gerichte zu improvisieren.

Sehen Sie die nachfolgende Liste lediglich als Vorschlag an. Bereits nach kurzer Zeit mit Low Carb vegetarisch werden Sie herausgefunden haben, welche Produkte Sie nicht benötigen und welche Sie gerne immer im Vorrat, insbesondere im Kühl- und Gefrierschrank haben möchten.

Im Vorratsschrank

Die Basics:

- Standard-Gewürzausstattung: Pfeffer, Salz (am besten feinkörniges und grobes zum Mahlen), Paprika (scharf und mild), Cayennepfeffer oder Chiliflocken, Currypulver, Kurkuma, Muskat, Wacholderbeeren, Zimt
- getrocknete Kräuter wie Oregano, Thymian, Majoran, Bohnenkraut
- flüssiger Süßstoff
- Olivenöl und Rapsöl (und ggf. noch ein kalt gepresstes Öl, z. B. Leinöl oder Walnussöl)
- schmackhafter, aber neutraler weißer Essig und Balsamicoessig
- Sojasauce
- gekörnte Gemüsebrühe
- Agar-Agar
- in Öl eingelegte getrocknete Tomaten, Tomatenmark, stückige Tomaten
- in Öl eingelegte Oliven
- Ajvar (eingekochte pikant bis scharfe Gemüsemischung aus Paprika und Auberginen)
- Gurken, Kapern, andere pikante eingelegte Gemüse (zum Aromatisieren von belegten Broten, von Quark oder Frischkäse)

- Zwiebeln, Knoblauch (evtl. in Öl eingelegter Knoblauch)
- Grünkohl im Glas/in der Dose
- grüne oder gelbe Bohnen im Glas (z. B. für einen schnellen Bohnensalat)
- gegarte Bohnenkerne in der Dose (z. B. rote oder weiße Bohnen)
- getrocknete braune oder grüne oder gelbe Linsen
- rote Linsen

Nüsse/Samen/Kerne:
- Mandeln ganz
- Walnüsse ganz (oder Haselnüsse oder andere Nüsse nach Belieben)
- 1 Packung gesalzene Nüsse (z. B. Erdnüsse oder Cashewnüsse)
- Sesamsamen, Kürbiskerne, Sonnenblumenkerne

Brot/Flocken:
- Pumpernickel (große Scheiben oder Minitaler)
- Backmischung für Low-Carb-Brot
- Knäckebrot (am besten Vollkorn)
- Sojaflocken
- grobe Haferflocken

Obst:
- je nach Saison: Beeren (Brombeeren, Erdbeeren, Heidelbeeren, Himbeeren, Johannisbeeren, Stachelbeeren)
- Äpfel
- Papayas
- Kakifrüchte
- Melone
- Zitrusfrüchte

Im Kühlschrank

Die Basics:
- Milch
- Sahne
- Butter oder hochwertige Pflanzenmargarine (mit normalem Fettgehalt)
- Mayonnaise
- Remoulade
- 1 bis 2 Päckchen Tofu
- eingelegter Fetakäse
- Parmesan oder anderer harter Käse zum Reiben (z. B. Emmentaler, alter Gouda, Bergkäse, lange gereifter Pecorino oder Manchego)
- Räuchertofu (eingeschweißt)
- Quark, Frischkäse, Joghurt natur, saure Sahne/Crème fraîche
- Eier
- Zitronen oder Zitronensaft
- Limetten oder Limettensaft
- 2 Sorten Pesto
- Sahnemeerrettich
- Senf

Tiefkühl-Vorrat:
- mehrere Sorten Gemüse nach Belieben (z. B. Spinat, Rosenkohl, Bohnen, Erbsen, Blumenkohl oder Gemüsemischungen)
- mehrere Sorten TK-Kräuter
- TK-Beeren
- Low-Carb-Brötchen zum Wiederaufbacken (gibt's z. B. in Onlineshops)
- TK-Blätterteig

Vegetarische Low-Carb-Snacks ohne Kochen

Hier haben wir für Sie eine Ideensammlung für kleine kalte Gerichte zusammengestellt, die Sie als Imbiss genießen können. Die Zutaten sind im konventionellen Handel erhältlich. Kombinieren Sie aus den folgenden Minigerichten je nach Hunger gegebenenfalls mehrere und reichen Sie einen gemischten Salat oder ein Beerendessert dazu, wenn Sie eine ganze warme Hauptmahlzeit ersetzen wollen.

Low-Carb-Snacks für zu Hause oder fürs Büro

Kühlschrank auf, Schneidbrett, Schüssel oder Brotzeitbrettchen raus und ruck, zuck ist ein Low-Carb-Imbiss gezaubert. Kohlenhydratarmes Snacken ist ganz unkompliziert. Bestimmt fallen Ihnen nach einer gewissen Weile Low-Carb-Routine noch viele andere Varianten ein, wie man auch ganz ohne Kochtopf und Pfanne ein leckeres kleines Low-Carb-Essen auf den Tisch zaubert.

Mit Salat/Gemüse:
- Mischsalat (fertig geschnitten gekauft) mit 5 großen in Öl eingelegten grünen Oliven und Essig-Öl-Dressing
- Feldsalat mit Quarkdressing (gekaufter Paprikaquark mit Wasser zum Dressing verrührt) und

- 5 kleingeschnittenen, eingelegten getrockneten Tomaten
- vegetarischer Brotaufstrich/Gemüseaufstrich nach Wahl (z. B. von Alnatura) auf 1 Scheibe mit 1 TL Butter bestrichenem Low-Carb-Brot, dazu saure Gürkchen oder Salatgurke oder Radieschen (Vegetarische Brotaufstriche passen außerdem zu Gemüsesticks oder Gurkenscheiben, schmecken auf Salatblätter gestrichen, die dann aufgerollt werden. Sie können mit Frischkäse verrührt werden und als Füllung von Gemüse (Pilze, Paprika, ausgeschabte Gurke) dienen.
- ½ kleine reife Avocado, mit der Gabel zerdrückt und mit Zitronensaft, Salz und Pfeffer gewürzt auf Low-Carb-Brot oder einer Scheibe Vollkornknäcke
- gegarte Bohnenkerne (Konserve) mit Parmesanspänen und Chicoréestreifen zum Salat angemacht (Essig-Öl-Dressing)
- Salat aus gegarten grünen Bohnen oder Wachsbohnen (Konserve) mit Öl, etwas Zitronensaft und Fetakrümeln, Kräutern nach Wahl
- Spargel aus dem Glas, eingewickelt in Noriblätter für Sushi (Bio- oder Asialaden)

Mit Ei:

- gekochtes Ei (nach Belieben auf einer Scheibe mit Salatmayonnaise bestrichenem Eiweißbrot) zu grünem Salat

- gekochtes Ei in Scheiben geschnitten auf Gurkenscheiben, dazu nach Belieben 1 Scheibe Vollkorntoast, etwas Remoulade

Mit Käse:

- Mini-Mozzarellakugeln halbiert, gemischt mit halbierten Cocktailtomaten, mit Basilikum gewürzt, mit 1–2 EL Olivenöl beträufelt, mit 2 EL Pinienkernen bestreut, 1 EL Pesto (grün oder rot) mit 2 EL fettarmem Frischkäse vermengt als Dip zu Rohkoststicks (Paprika, Gurke, Möhre, Stangensellerie, Kohlrabi)
- in Sojasauce marinierter Tofu auf Sesamknäcke
- 2 kleine bzw. dünne Käsescheiben, 25 g (Schnittkäse oder auch Blauschimmelkäse) in Salatblätter/Chinakohlblätter eingerollt oder auf Chicoréeblätter gelegt (geht auch mit Frischkäse)
- 50 g fettreduzierter Frischkäse – natur oder in der Geschmacksrichtung nach Wahl – mit Gemüsesticks oder auch mit Apfelscheiben gedippt

Süßes:

- frische Beeren mit einem großem Sahneklecks (das Fett verlangsamt die Verdauung der Kohlenhydrate)
- ein wenig kleingeschnittene Pfirsiche, Aprikosen oder Nektarinen mit etwas gehackter Minze und einer kleinen Handvoll Nüssen dazu

Low-Carb-Snacks für unterwegs

Viele der vorangehend aufgeführten Snacks ohne Kochen eignen sich auch gut zum Mitnehmen. Hier gibt's zusätzlich noch ein paar Low-Carb-Imbissvorschläge für außer Haus. Ohne dass Sie etwas von zu Hause mitnehmen müssen! Diese Snacks können Sie einfach im nächsten Supermarkt oder Discounter besorgen und dann ab auf die Parkbank oder rein in den ICE. So bleibt's auch »to go« wirklich kohlenhydratarm!

Mit Ei:

- Eiersalat aus dem Kühlregal zur Salatbox
- hart gekochte Eier (gibt's inzwischen das ganze Jahr über im Supermarkt) und Fertigsalat
- hart gekochte Eier und Mayo aus der Tube

Mit Käse:

- Scheiben von magerem Käse auf einer Scheibe Eiweißbrot (es gibt unzählige Sorten Käseaufschnitt, auch mit Kräutern)
- Käsestücke zu Chicorée (äußere Blätter wegwerfen) – es gibt inzwischen vorgeschnittenen Käse (z. B. Emmentaler/Gouda/Edamer), den man in Würfelchen aus der Packung essen kann. Eine Alternative sind Mozzarellasticks)
- (Ziegen-)Frischkäse zu Chicorée
- Waldorfsalat

Mit anderen Milchprodukten:

- aromatisierter Quark nach Geschmack mit Eiweißbrot/ -brötchen. Es gibt inzwischen so viele verschiedene Quark-Geschmacksrichtungen, von aromatisch-pikant bis fruchtig süß. Probieren Sie sich durch.
- Trinkjoghurt mit einer kleinen Handvoll Nüssen (z. B. Cashewkerne, Erdnüsse oder auch Walnüsse/Pekannüsse – nach Geschmack mit oder ohne Salz geröstet)

Mit Tofu und Co.:

- Räuchertofu oder auch kräuterwürziger Tofu und Low-Carb-Brot

Mit Dip:

- Pesto gedippt mit Snackmöhren (das sind gewaschene Minimöhren im Plastiktütchen verpackt, fertig zum Sofortessen). Es gibt inzwischen die verschiedensten Pesto-Sorten – probieren Sie einfach nach und nach aus, welche Ihnen am besten schmeckt
- auch Chicoréeblätter eignen sich zum Dippen (die äußeren Chicoréeblätter ablösen und wegwerfen)

Süßes:

- kleiner Becher verzehrfertiges Obst und eine kleine Handvoll Nussmischung für Salat (20 g)
- ein Smoothie

Mithilfe folgender Tabelle können Sie Gerichte selbst kombinieren.

- Grün sind Kohlenhydratmengen bis einschließlich 10 g pro Portion
- Gelb sind Kohlenhydratmengen ab 11 g bis einschließlich 20 g pro Portion
- Blau sind Kohlenhydratmengen ab 21 g

Die Rezepte aus diesem Buch und ihr Kohlenhydratgehalt

Name des Rezepts	Gesamt-Kohlenhydrate in g	Portionen	Kohlenhydrate pro Portion in g	Kaloriengehalt in kcal pro Portion
Frühstück				
Himbeer-Mandel-Trifle (S. 35)	22,4	2	11,2	350
Brombeer-Schoko-Müsli (S. 36)	40,5	2	20,3	292
Müsli mit Pink Grapefruit (S. 36)	53,2	2	26,6	349
Papaya-Müsli (S. 36)	59,3	2	29,7	401
Mango-Drink (S. 37)	37,6	2	18,8	182
Orangen-Avocado-Shake (S. 37)	32,5	2	16,3	193
Papaya-Möhren-Smoothie (S. 37)	20,4	2	10,2	83
Melonen-Erdbeer-Smoothie (S. 38)	55,7	2	27,9	137
Rhabarber-Erdbeer-Marmelade (S. 38)	33,6	ca. 20 à 25 g	1,5	9
Rhabarber-Chutney (S. 38)	55,7	ca. 14 à 25 g	3,5	16

Name des Rezepts	Gesamt-Kohlenhydrate	Portionen	Kohlenhydrate pro Portion	Kaloriengehalt pro Portion
Snacks				
Staudensellerie mit Käsecreme (S. 41)	7,7	2	3,8	399
Avocado-Paprika-Taler (S. 42)	37,9	2	19,0	182
Bruschetta mit Sesamknäcke (S. 42)	37,3	2	18,7	263
Würzige Ei-Brötchen (S. 42)	69,7	2	34,9	637
Blätterteig-Happen (S. 45)	50,5	2	25,3	554
Gefüllte Kohlrabiblätter (S. 45)	11,9	2	6,0	155
Sherry-Pilze (S. 45)	4,3	2	2,1	188
Käsekugeln (S. 46)	11,7	2	5,9	429
Obatzter (S. 46)	15,4	2	7,7	417
Avocado mit Tomaten-Salsa (S. 46)	12,2	2	6,1	199
Champignons mit Hüttenkäse (S. 47)	8,9	2	4,4	102
Gefüllte Mini-Paprika (S. 47)	15,9	2	8,0	170
Meerrettich-Mousse mit Rohkost (S. 47)	29,6	2–3	14,8 (3 P.)	279
Suppen				
Champignonsuppe (S. 49)	9,4	2	4,7	291
Kressesuppe (S. 50)	5,2	2	2,6	202
Frühlingszwiebelsuppe (S. 50)	26,0	2	13,0	174
Bärlauchsuppe (S. 50)	8,2	2	4,1	261
Gemüsebrühe mit Eierstich (S. 52)	4,7	2	2,4	102
Möhren-Kokos-Suppe (S. 52)	21,0	2	10,5	109
Spinatsuppe (S. 52)	8,2	2	4,1	243
Sauerkrautsuppe (S. 55)	57,7	2	28,9	245
Schwarzwurzelsuppe (S. 55)	8,5	2	4,3	230

Name des Rezepts	Gesamt-Kohlenhydrate	Portionen	Kohlenhydrate pro Portion	Kaloriengehalt pro Portion
Salate				
Mairübchensalat (S. 57)	9,8	2	4,9	263
Gurkensalat mit Melone (S. 58)	20,5	2	10,3	209
Petersiliensalat (S. 58)	11,6	2	5,8	145
Romanasalat à la Caprese (S. 58)	22,7	2	11,4	318
Romanescosalat (S. 61)	7,0	2	3,5	133
Krautsalat mit Ananas (S. 61)	27,7	2	13,9	82
Käsesalat mit Paprika (S. 61)	13,8	2	6,9	349
Rote-Bete-Salat mit Rukola (S. 62)	43,7	2–3	21,9 (2 P.)	325
Eiersalat mit Radieschen (S. 62)	12,9	2	6,5	284
Gemüsegerichte				
Bohnen-Tomaten-Gemüse (S. 65)	24,7	2	12,4	133
Lupinengeschnetzeltes mit Erbsen (S. 66)	45,4	2	22,7	499
Bohneneintopf (S. 66)	37,2	2	18,6	158
Paprikarahmsauce mit Pasta (S. 66)	69,2	2	34,6	411
Linsenbratlinge mit Sommersalat (S. 69)	57,0	2	28,5	342
Sauerkrautpuffer mit Meerrettich-Dip (S. 69)	97,2	2–3	32,4 (3 P.)	378
Linsencurry (S. 70)	78,3	2	39,2	313
Wirsingpuffer mit Schnittlauchdip (S. 70)	34,5	2	17,3	416
Zucchiniauflauf (S. 71)	21,3	2	10,7	607
Lauch-Kartoffel-Auflauf (S. 71)	51,8	2	25,9	239
Mangoldtarte (S. 72)	17,8	2	8,9	265
Vegetarisches Moussaka (S. 72)	57,2	2	28,6	622
Fenchel-Bohnenkern-Gemüse (S. 74)	46,8	2	23,4	326
Arabisches Kichererbsen-Ratatouille (S. 74)	57,4	2	28,7	387
Scharfer Spitzkohleintopf (S. 75)	35,8	2	17,9	340
Sesam-Blumenkohl mit Erbsen (S. 75)	41,5	2	20,8	334

Name des Rezepts	Gesamt-Kohlenhydrate	Portionen	Kohlenhydrate pro Portion	Kaloriengehalt pro Portion
Gerichte mit Ei/Käse				
Gebratener Eierreis (S. 77)	73,5	2	36,8	420
Spargel-Frittata (S. 77)	14,0	2	7,0	540
Radicchio mit Ziegenkäse (S. 79)	20,5	2	10,3	373
Tomate-Mozzarella-Rührei (S. 79)	10,7	2	5,4	326
Gebackener Camembert (S. 79)	44,9	2	22,5	638
Überbackene Eier (S. 80)	12,4	2	6,2	313
Pasta mit Brokkoli-Käse-Sauce (S. 80)	67,7	2	33,9	515
Spargel-Ei-Ragout (S. 81)	35,7	2	17,9	337
Käsefondue (S. 81)	37,9	2–3	12,6 (3 P.)	805
Halloumi-Gemüse-Spieße mit Tzaziki (S. 83)	21,3	2	10,7	630
Gerichte mit Sojaprodukten				
Panierter Tofu mit Möhrenpüree (S. 85)	38,3	2	19,2	450
Frittierter Tofu mit Butter-Bohnen (S. 85)	33,8	2	16,9	390
Tofu-Champignon-Spieße (S. 84)	19,0	2	9,5	363
Sesamgemüse mit Tofuwürfeln (S. 86)	42,7	2	21,4	469
Tofu-Cordon-bleu mit Paprikagemüse (S. 86)	34,0	2	17,0	494
Tofuklößchen auf Lauchgemüse (S. 87)	25,1	2	12,6	345
Tofu mit Ananasgemüse (S. 87)	38,9	2	19,5	573
Spaghetti mit Veggie-Bolognese (S. 88)	69,3	2	34,7	484
Soja-Geschnetzeltes mit Fenchel (S. 88)	41,6	2	20,8	407
Veggie-Gyros mit Paprikagemüse (S. 88)	34,1	2	17,1	375

Name des Rezepts	Gesamt-Kohlenhydrate	Portionen	Kohlenhydrate pro Portion	Kaloriengehalt pro Portion
Gerichte für Gäste				
Gefüllte Spinatklößchen mit Salbeibutter (S. 99)	35,3	2	17,7	556
Wirsingpäckchen mit Pastinakenpüree (S. 101)	84,8	2	42,4	425
Schwarzwurzeln mit Sauce Hollandaise (S. 101)	45,5	2	22,8	561
Gefüllte Zucchini in Tomatensauce (S. 102)	33,2	2	16,6	424
Überbackene Spargelpfannkuchen (S. 102)	72,6	2–3	24,2 (3 P.)	583
Gemüsefondue in Weinteig (S. 104)	104,0	3–4	34,7 (3 P.)	454
Ravioli mit Basilikumsauce (S. 106)	150,0	4	37,5	459
Rote-Bete-Gratin (S. 106)	40,5	2	20,3	395
Gefüllte Artischocken mit Selleriepüree (S. 107)	19,5	2	9,8	392
Desserts				
Cappuccino-Dessert (S. 91)	4,4	2	2,2	172
Orangen-Parfait (S. 92)	25,4	2	12,7	285
Sharon-Türmchen (S. 92)	54,5	3–4	13,6 (4 P.)	163
Buttermilchkaltschale (S. 94)	27,4	2	13,7	95
Papaya-Joghurt (S. 94)	22,0	2	11,0	124
Mandarinen-Sekt-Gelee (S. 94)	47,9	3–4	12,0 (4 P.)	106
Blutorangen-Granité (S. 95)	33,8	2	16,9	94
Überbackene Mango (S. 95)	28,5	3–4	7,1 (4 P.)	133
Quarkstrudel (S. 96)	33,8	4	8,5	201
Salzburger Nockerl (S. 96)	44,7	2–3	14,9 (3 P.)	135

Hinweise zu den Rezepten

Bei den Rezepten in diesem Buch finden Sie jeweils Angaben zur enthaltenen Menge an Kohlenhydraten, aber keine Kalorienangaben. Denn Kalorienzählen (S. 14) gehört nicht zu Low Carb. Wenn Sie sich auf eine kohlenhydratreduzierte Ernährung umstellen, werden Sie fast automatisch eine angemessene Menge an Kalorien zu sich nehmen,

- vorausgesetzt, Sie essen sich zu den Hauptmahlzeiten wirklich satt
- vorausgesetzt, Sie essen höchstens eine Low-Carb-Zwischenmahlzeit (S. 41) am Tag
- und vorausgesetzt, Sie essen entsprechend Ihrer Stoffwechselveranlagung: sehr kohlenhydratarm und eher fettreicher, wenn Sie zu den Nomaden (S. 30) gehören, bzw. fettarm und nicht zu streng kohlenhydratarm, wenn Ihr Körper die Nahrung wie der eines Ackerbauers (S. 31) verstoffwechselt.

Sattessen!

Nach einer Weile mit Low Carb werden Sie wieder besser spüren, wann Sie wirklich hungrig und wann Sie wirklich satt sind. Weil Sie durch die geringere Menge an Kohlenhydraten und die definierte Zahl an Mahlzeiten pro Tag nicht mehr im Insulin-Auf-und-Ab leben, zwischen vollgegessen-schlapp und heißhungrig. Wenn Sie sich zudem noch mehr bewegen als vorher, fördern Sie das natürliche Hunger-Sättigungs-Gefühl noch mehr.

Tasten Sie sich dann mit den in diesem Buch vorgestellten Rezepten nach und nach an die Nahrungsmengen heran, die Ihnen gut tun. Im Extremfall kann es durchaus dazu kommen, dass Sie nach erfolgreicher Umstellung Ihrer Essensgewohnheiten mehr Gesamtkalorien als vorher essen können und dennoch abnehmen. Das ist dann möglich, wenn Ihr Stoffwechsel vorher durch viele Diäten auf Sparen eingestellt war und Sie ihn durch die Ernährungsumstellung in Kombination mit mehr Bewegung dazu gebracht haben, wieder aktiver zu arbeiten.

Beim Frühstück nicht zu knauserig sein mit den Carbs

Obwohl wir im Rezeptteil auch einige Vorschläge für kohlenhydratarme Frühstücke machen, kann es für Sie persönlich sinnvoll sein, kohlenhydratreicher zu frühstücken. Hier heißt es ein wenig ausprobieren, welche Variante am besten zu Ihnen passt:

- relativ kohlenhydrat- und energiereiches (klassisches) Frühstück und danach bis zum Mittagessen kein Imbiss mehr bzw. eine Zwischenmahlzeit nahezu ohne Kohlenhydrate, falls es zu Heißhunger kommt. (Vorschläge für solche Zwischenmahlzeiten finden Sie bei den Low-Carb-Snacks für zu Hause oder fürs Büro (S. 23) – geeignet sind alle ohne Brot und ohne Obst.)
- kohlenhydratarmes, kleines und frühes Frühstück, dann am frühen Vormittag ein (nicht zu kohlenhydratarmer) Imbiss. (Vorschläge finden Sie bei den Low-Carb-Snacks für zu Hause oder fürs Büro (S. 23) – z. B. diejenigen mit Brot dabei.)

Mehr Fett für Nomaden

In unseren Rezepten haben wir nur mäßige Mengen an Öl verwendet, weil wir sie auch für die Stoffwechsel-Mischtypen verträglich halten wollen. Deren Stoffwechsel kann mit viel Fett nicht gut umgehen, sie dürfen es mit dem Fett nicht übertreiben, wenn sie das Gewicht halten oder sogar abnehmen wollen. Sollten Sie einen Nomadenstoffwechsel haben, können Sie also mit sehr wenig Kohlenhydraten glücklich und leistungsstark durch den Tag gehen, dürfen Sie bei den Rezepten mehr Fett verwenden, um gut und lange gesättigt zu sein.

Machen Sie aus halben Ess- und Teelöffeln Zubereitungsöl ganze, ergänzen Sie Salate und Dips durch einen Teelöffel Leinöl oder durch andere kalt gepresste Öle. Verfeinern Sie Müsli und süße Speisen mit 1 – 2 EL gemahlenen oder gehackten Nüssen bzw. Samen wie Mandeln, Haselnüssen oder Pistazien. Salate können auch mit Pinienkernen ergänzt werden.

Mehr Kohlenhydrate für Ackerbauern

Was die ideale Tagesmenge an Kohlenhydraten betrifft, raten wir lediglich, in Summe unter 100 g Kohlenhydraten pro Tag zu bleiben, wenn Sie abnehmen möchten. Wenn Sie Ihr Gewicht einfach nur halten möchten, können auch etwas höhere Tagesmengen angemessen sein. Das hängt im Wesentlichen von Ihrem Stoffwechseltyp sowie von der Höhe der körperlichen Beanspruchung ab.

Viele unserer Rezepte in diesem Buch sind sehr kohlenhydratarm, was Sie – falls Sie einen Ackerbauer-Stoffwechsel haben – nicht langanhaltend sättigen wird. Ergänzen Sie solche Rezepte dann – insbesondere, wenn Sie sie morgens oder mittags essen – mit einer Kohlenhydrat-Beilage oder -Unterlage. Hier einige Vorschläge:

ca. 5 g KH liefern:
- 100 g Eiweißabendbrot bzw. Eiweißbrötchen (Original/Schlank-im-Schlaf-Rezeptur)

ca. 10 g Kohlenhydrate liefern:
- 1 EL Vollkornflocken (10 g)

10 – 15 g Kohlenhydrate liefern:
- 100 g gekochte/gebratene Kartoffeln (= 1 mittelgroße Kartoffel)
- 1 Eiweißbrötchen (70 g, Bäcker/Discounter/keine Original-Rezeptur)

Ein Wort zu Süßstoff

In einigen unserer süßen Rezepte, vor allem bei Desserts, verwenden wir Süßstoff, um die Kohlenhydratmenge nicht zu groß werden zu lassen. Verwendet haben wir flüssigen Süßstoff, den es in jedem Supermarkt gibt. Süßstoffe haben keinen bzw. nur einen sehr geringen Energiewert. Sie wirken nicht blutzuckererhöhend und tragen demzufolge auch nicht zu einer höheren Insulinausschüttung bei. Süßstoffe können dazu beitragen, Süßes ohne Auswirkungen auf das Gewicht zu genießen.

Süßstoff ist Low Carb

Die mit Süßstoff zubereiteten Rezepte sind allerdings nicht geeignet als erste Hilfe bei Heißhungerattacken, wie sie zu Beginn einer Low-Carb-Ernährung vorkommen können. Denn die aus anderen Zutaten (z. B. Obst, Teig) stammenden Kohlenhydrate würden eine Insulin-Achterbahnfahrt fördern. In solchen Fällen sollten Sie zu streng kohlenhydratarmen Snacks greifen. Die sättigen, ohne den Insulinspiegel zu erhöhen.

ca. 20 g Kohlenhydrate liefern:
- 100 g gekochte Nudeln
- 100 g gekochter Reis
- 100 g gekochte Hirse/Amaranth

25 – 30 g KH liefern:
- 100 g gekochter Reis (parboiled)

Wissenswertes zu Geliermitteln

Statt Gelatine verwenden wir das Geliermittel Agar-Agar. Es wird aus Algen gewonnen und wird in Pulverform verwendet, so ist es (halb-)teelöffelweise gut zu dosieren. Man muss mit Agar-Agar versetzte Flüssigkeit allerdings kurz kochen, damit es geliert. Bloßes Erhitzen wie bei Gelatine ist nicht ausreichend.

Eines unserer Marmeladenrezept ist statt mit Gelierzucker nur mit Geliermittel (Pektin) zubereitet. So kommt das Rezept mit sehr wenig Zucker aus. Die angenehme Süße verleihen wir dieser Marmelade mit flüssigem Süßstoff. Bei dem von uns verwendeten Geliermittel handelt es sich um ein Produkt aus dem Supermarkt, das Pektin und Stärke enthält. Sie können auch reines Pektin aus dem Bio-Laden verwenden. Achten Sie dann bezüglich Verwendung und zu dosierender Menge auf die Hinweise auf der Verpackung.

Low Carb vegetarisch – so schmeckt's

Hier kommen sie, unsere kohlenhydratreduzierten vegetarischen Gerichte, mit denen es Ihnen sehr leicht fallen wird, Gewicht zu reduzieren – und das ohne zu hungern! Die Rezepte enthalten alle wichtigen Nährstoffe, die Ihr Körper benötigt.

FRÜHSTÜCK

Raffinierter Start in den Tag
Himbeer-Mandel-Trifle

KH pro Portion 11 g
Für 2 Portionen • gelingt leicht
⏱ 15 Min.

75 g Mandeln • 150 g Himbeeren (frisch oder TK) •
250 g Magerquark • 2 EL Milch • ¼ TL gemahlener Zimt •
1 EL Limettensaft • Süßstoff nach Belieben

● Die Mandeln mit einem Messer grob hacken und in
einer trockenen Pfanne rösten, bis sie duften. Tiefgekühlte
Himbeeren in der Mikrowelle auftauen, frische Himbeeren
abbrausen und verlesen.

● Den Quark mit Milch, Zimt und Limettensaft vermischen und nach Belieben mit Süßstoff abschmecken.

● Die Hälfte der Himbeeren auf zwei weite Gläser verteilen, die Hälfte der Quarkmasse daraufgeben und mit der
Hälfte der Mandeln bestreuen. Darauf nochmals schicht-
weise den Rest von Himbeeren, Quark und Mandeln geben.

Tipp Wer die Haut der Mandeln nicht mag, blanchiert
die Mandeln in kochendem Wasser. Dann lassen sie sich
leicht häuten: Die Kerne einfach zwischen Daumen und
Zeigefinger aus der Haut drücken.

Schokoladig gut

Brombeer-Schoko-Müsli

KH pro Portion 20 g
Für 2 Portionen • geht schnell
⊘ 5 Min.

150 g Brombeeren • 3 EL Soja-flocken • 2 EL dunkle Schokoladen-stückchen/Choco-Chips • 150 g Naturjoghurt (3,5 %) • 100 ml Milch

● Die Brombeeren abbrausen und verlesen. Die Sojaflocken und die Choco-Chips mischen und auf zwei Schalen verteilen. Den Joghurt daraufgeben und mit der Milch übergießen.

● Das Müsli mit den Brombeeren garniert servieren.

Tipp Choco-Chips finden Sie im Supermarkt bei den Backzutaten.

Erfrischend säuerlich

Müsli mit Pink Grapefruit

KH pro Portion 27 g
Für 2 Portionen • geht schnell
⊘ 5 Min.

1 Pink Grapefruit • 4 EL Sojaflocken • 2 EL Haferflocken • 1 EL Sonnen-blumenkerne • 100 g körniger Frisch-käse • 100 ml Milch

● Von der Grapefruit mit einem sehr scharfen Messer die Schale herunter-schneiden, sodass nur noch das Fruchtfleisch übrig bleibt. Die Filets zwischen den Trennhäutchen he-rausschneiden, dabei den Saft auf-fangen. Die Grapefruitfilets in Stücke schneiden.

● Sojaflocken, Haferflocken und Sonnenblumenkerne mischen und in zwei Schalen füllen. Den Frischkäse und die Grapefruitstücke darüber-geben. Mit der Milch übergießen.

Variante Dieses Müsli schmeckt säu-erlich-herb durch die Grapefruit und den Frischkäse. Wem das morgens zu intensiv ist, isst es als Vormittags-imbiss oder auch einmal als Dessert zu Mittag.

Mit Mandeln und Kürbiskernen

Papaya-Müsli

KH pro Portion 30 g
Für 2 Portionen • geht schnell
⊘ 5 Min.

4 EL gehobelte Mandeln • 250 g Pa-paya • 4 EL Haferflocken • 2 EL Kürbis-kerne • 200 g fettarmer Joghurt • 100 ml Milch

● Die gehobelten Mandeln in einer trockenen Pfanne rösten, bis sie duften, dann kurz abkühlen lassen.

● Die Papaya halbieren, mit einem Löffel die Kerne herausschaben und die Papayahälfte schälen. Das Pa-payafruchtfleisch in mundgerechte Stücke schneiden.

● Mandeln, Haferflocken und Kür-biskerne mischen. Mit dem Joghurt und der Milch verrühren und die Papayastücke unterheben.

Eiweißhaltiger Mango-Lassi
Mango-Drink

KH pro Portion 19 g
Für 2 Portionen • geht schnell
⊘ 5 Min.

1 reife Mango • 250 g Quark •
100 ml Milch • Süßstoff nach Belieben

● Die Mango schälen. Das Fruchtfleisch vom Kern herunterschneiden
und in grobe Stücke zerteilen.

● Mangofruchtfleisch, Quark und
die Milch in eine hohe Schüssel geben und mit dem Pürierstab kräftig
durchmixen. Mit Süßstoff nach
Belieben süßen.

Tipp Der Drink ist recht dickflüssig.
Wer es flüssiger mag, gibt etwas
mehr Milch dazu. Ohne Milch, dafür
mit 50 g Sahne wird es eine Mango-
quarkspeise zum Löffeln.

Nicht zu süß
Orangen-Avocado-Shake

KH pro Portion 16 g
Für 2 Portionen • gelingt leicht
⊘ 10 Min.

1 Orange • ½ Avocado • 200 g Dickmilch • 150 ml Milch (1,5 % Fett) •
1–2 EL Zitronensaft

● Von der Orange mit einem sehr
scharfen Messer die Schale herunterschneiden, sodass nur noch das
Fruchtfleisch übrigbleibt. (Reste der
weichen weißen Haut würden den
Shake bitter machen.)

● Die Orangenfilets zwischen den
Trennhäutchen herausschneiden,
dabei den Saft auffangen. Das
Fruchtfleisch der Avocado aus der
Schale lösen und in grobe Stücke
schneiden.

● Orange, Avocado, Dickmilch und
Milch mit dem Pürierstab fein mixen.
Den Shake mit Zitronensaft ab-
schmecken.

Erfrischend mit Kefir
Papaya-Möhren-Smoothie

KH pro Portion 10 g
Für 2 Portionen • gelingt leicht
⊘ 15 Min.

½ kleine Papaya (ca. 250 g) •
100 ml Möhrensaft • 150 ml Kefir •
1–2 Spritzer Zitronensaft

● Aus der Papaya mit einem Löffel
die Kerne herauslösen und die
Papayahälfte schälen. Das Fruchtfleisch mit dem Pürierstab pürieren.

● Das Papayapüree mit Möhrensaft
und Kefir verrühren und den
Smoothie mit Zitronensaft abschmecken.

Variante Statt Möhrensaft können
Sie auch Orangensaft verwenden,
damit bekommt der Smoothie noch
mehr erfrischend fruchtige Säure.
Den Zitronensaft können Sie dann
weglassen.

Schmeckt auch zu Grillfleisch

Rhabarber-Chutney

KH pro 25-g-Portion 4 g
Für 2 Gläser à 150 ml •
braucht etwas mehr Zeit
⊘ 20 Min.

250 g Rhabarber • 1 Zwiebel •
1 walnussgroßes Stück Ingwer •
50 ml Himbeeressig (oder Weißweinessig) • 50 g Zucker • 5 ml flüssiger
Süßstoff • 2 Schraubdeckelgläser
à 150–200 ml

● Den Rhabarber waschen, putzen,
die Fäden abziehen und die Stangen
klein schneiden. Die Zwiebel abziehen und fein würfeln. Den Ingwer
schälen und fein reiben.

● Himbeeressig und 50 ml Wasser in
einen Becher geben. Den Zucker in
einem Topf bei mittlerer Hitze unter
Rühren hellbraun karamellisieren.
Sofort unter Rühren mit der Essig-
Wasser-Mischung ablöschen (Vorsicht, es spritzt!). Weiterrühren und
die Mischung köcheln lassen, bis der
Zucker sich gelöst hat.

● Rhabarber, Zwiebeln und Ingwer
zugeben und alles offen bei mittlerer
Hitze köcheln lassen, bis die Flüssigkeit verkocht ist. Den Süßstoff gut
unterrühren. Das Chutney in
Schraubdeckelgläser abfüllen und
diese verschließen.

Kohlenhydratreduzierter Aufstrich

Rhabarber-Erd-beer-Marmelade

KH pro 25-g-Portion 2 g
Für 3 Gläser à 200 ml •
braucht etwas mehr Zeit
⊘ 15 Min.

300 g Rhabarber (benötigt werden
geputzt gewogen 250 g) • 300 g Erdbeeren (benötigt werden geputzt
gewogen 250 g) • 1 EL Zitronensaft •
10 ml flüssiger Süßstoff • 1 Päckchen
Geliermittel (20 g) • 1 EL Zucker •
4 Schraubdeckelgläser à 150 ml

● Den Rhabarber waschen, putzen,
die Fäden abziehen und die Stangen
in dünne Scheiben schneiden. Die
Erdbeeren abbrausen, abtropfen
lassen, putzen und in kleine Stücke
schneiden. Rhabarber und Erdbeeren, Zitronensaft und Süßstoff in
einen Topf geben.

● Das Geliermittel zuerst mit dem
Zucker mischen, dann zu den übrigen Zutaten geben. Alles bei starker
Hitze aufkochen lassen und unter
ständigem Rühren 3 Min. nach
Packungsangabe sprudelnd kochen
lassen.

● Die Marmelade in Schraubdeckelgläser abfüllen und diese verschließen. Im Kühlschrank aufbewahren.

Schönes Sommerfrühstück

Melonen-Erdbeer-Smoothie

KH pro Portion 28 g
Für 2 Gläser à 250 ml • gelingt leicht
⊘ 5 Min.

500 g Wassermelone • 250 g Erdbeeren • ½ EL Limettensaft • Süßstoff
(nach Belieben)

● Die Melone in Spalten schneiden
und das Fruchtfleisch von der Schale
schneiden. Die Kerne mit einem
kleinen Messer herauslösen und das
Fruchtfleisch in Stücke schneiden.

● Die Erdbeeren abbrausen, abtropfen lassen und putzen. Mit den Me-
lonenstücken und dem Limettensaft
in den Mixer geben und alles gründlich mixen.

● Den Smoothie nach Belieben mit
Süßstoff abschmecken und auf zwei
große Gläser verteilen.

Tipp Gehaltvoller und eiweißreicher
wird es, wenn man ein paar Esslöffel
Joghurt untermischt.

Melonen-Erdbeer-Smoothie

SNACKS

Herzhafter Snack

Staudensellerie mit Käsecreme

KH pro Portion 4 g
Für 2 Portionen • gelingt leicht
⊘ 15 Min.

125 g Blauschimmelkäse (Roquefort, Gorgonzola oder Bavaria Blu) • 30 g weiche Butter • 3 EL saure Sahne (50 g) • 1 EL gehackte Petersilie • 3 – 4 Stangen Staudensellerie (300 g) • Paprikapulver

● Den Käse mit einer Gabel krümelig zerdrücken. Die Butter in eine Rührschüssel geben und mit einem kleinen Schneebesen cremig rühren. Käse, saure Sahne und die Petersilie zugeben und untermengen.

● Sellerie waschen, trocken tupfen und die Enden abschneiden, wenn nötig, die Fäden dabei abziehen. Die Stangen quer dritteln oder vierteln.

● Die Käsecreme in einen Spritzbeutel füllen und auf die Selleriestücke spritzen. Mit Paprikapulver bestreuen.

Tipp Wer keinen Spritzbeutel besitzt oder seinen großen nicht für die geringe Menge an Käsecreme benutzen möchte, füllt die Creme in einen kleinen Gefrierbeutel, von dem unten eine Ecke abgeschnitten ist. So kann man die Creme in dünnen Schlangenlinien oder auch dicken Streifen – je nach Größe der Öffnung – auf die Selleriestangen spritzen.

Mit reichlich Ballaststoffen

Avocado-Paprika-Taler

KH pro Portion 19 g
Für 2 Portionen • gelingt leicht
⊘ 10 Min.

½ kleine Paprikaschote • 1 dünne Frühlingszwiebel • ½ reife Avocado • 1 TL Zitronensaft • Salz • Pfeffer, frisch gemahlen • 1 TL Olivenöl • 8 Pumpernickeltaler • 8 kleine Basilikumblätter

● Die Paprikaschote putzen, waschen und in feine Würfel schneiden. Die Frühlingszwiebel waschen, putzen (dabei auch dunkelgrüne Blätter entfernen) und in feine Ringe schneiden.

● Die Avocado halbieren, das Fruchtfleisch aus der Schale lösen und mit einer Gabel fein zerdrücken. Mit Zitronensaft beträufeln.

● Paprika, Frühlingszwiebel und Avocado mischen und mit Salz und Pfeffer würzen. Das Öl untermischen. Alles auf den Pumpernickeltaler verteilen und mit den Basilikumblättern garniert servieren.

Italienisches Smørrebrød

Bruschetta mit Sesamknäcke

KH pro Portion 19 g
Für 2 Portionen • geht schnell
⊘ 5 Min.

2 reife Tomaten • 8 schwarze Oliven, entsteint • 2 EL Olivenöl • Salz • Pfeffer, frisch gemahlen • 2 Knoblauchzehen • 4 Scheiben Sesamknäckebrot • 8 Blätter Basilikum

● Die Tomaten waschen und halbieren. Stielansatz, Kerne und Saft entfernen und das Fruchtfleisch klein würfeln. Die Oliven in dünne Scheiben schneiden. Tomaten und Oliven mit dem Öl vermischen, mit Salz und Pfeffer pikant würzen.

● Den Knoblauch abziehen, halbieren und jede Scheibe Knäckebrot mit einer halben Zehe einreiben. Das geht am besten, wenn man den Knoblauch mit einer Gabel aufpikst. Die Tomatenmischung auf den Knäckescheiben verteilen. Das Basilikum zupfen und auf die Tomaten geben.

Köstliche Kombination

Würzige Ei-Brötchen

KH pro Portion 35 g
Für 2 Portionen • geht schnell
⊘ 5 Min.

4 Eier • 2 getrocknete Tomaten (in Öl eingelegt) • 200 g Ziegenfrischkäse • 2 Eiweißbrötchen • ½ Kästchen Kresse

● Die Eier so lange kochen, bis sie hart gekocht sind. Anschließend die Eier kalt abschrecken, pellen und in Scheiben schneiden. Die getrockneten Tomaten mit einem scharfen Messer möglichst fein schneiden. Mit dem Ziegenfrischkäse verrühren.

● Die Brötchen aufschneiden und mit dem Tomatenfrischkäse bestreichen. Die Eischeiben dachziegelartig darauflegen. Die Kresse abschneiden und darüberstreuen.

Avocado-Paprika-Taler

Blätterteig-Happen

Auch prima fürs Picknick

Blätterteig-Happen

KH pro Portion 25 g
Für 2 Portionen • gelingt leicht
⊘ 15 Min. + 20 Min. Backzeit

2 Platten Blätterteig (à 75 g) • 1 kleine Tomate • 100 g Feta • 1 TL italienische Kräuter (getrocknet) • Pfeffer • 1 Eigelb

● Den Blätterteig auf einer leicht bemehlten Arbeitsfläche antauen lassen. Die Tomate kreuzweise einritzen und mit kochendem Wasser überbrühen, die Haut abziehen und die Tomate klein würfeln. Den Feta klein würfeln oder mit der Gabel zerdrücken. Tomate und Feta mit den Kräutern mischen und mit Pfeffer würzen.

● Den Backofen auf 180 Grad (Umluft 160 Grad) vorheizen. Die Blätterteigplatten zu Quadraten von gut 20 cm Seitenlänge ausrollen und jeweils halbieren. Die Tomaten-Feta-Masse jeweils auf die eine Hälfte des Blätterteiges geben, die andere Hälfte darüberklappen und die Ränder mit den Zinken einer Gabel festdrücken.

● Das Eigelb verrühren, die Blätterteighappen damit bestreichen und auf ein mit Backpapier ausgelegtes Backblech legen. Im heißen Ofen ca. 20 Min. backen.

Kohlrabi einmal anders

Gefüllte Kohlrabiblätter

KH pro Portion 6 g
Für 2 Portionen • preisgünstig
⊘ 15 Min.

6 – 8 kleine Kohlrabiblätter (ca.10 cm breit, samt Stiel frisch von der Knolle geschnitten) • 1 kleine Möhre • 1 Frühlingszwiebel • 100 g Frischkäse • 1 EL Sahne • Salz • Pfeffer, frisch gemahlen • 1 EL Olivenöl

● Von den Kohlrabiblättern die Stiele abschneiden, die Blätter waschen und trocken tupfen und auf die Arbeitsfläche legen. Die wulstigen Stielansätze mit einem scharfen Messer horizontal flach abschneiden.

● Die Möhre schälen und fein reiben. Die Frühlingszwiebel waschen, putzen (dabei auch dunkelgrüne Blätter entfernen) und in feine Ringe schneiden. Den Frischkäse mit Sahne, Möhren und Frühlingszwiebel vermischen. Mit Salz und Pfeffer würzen.

● Die Kohlrabiblätter nebeneinanderlegen. Auf jedes Blatt 1 TL Frischkäsemasse geben. Die Blätter von den Seiten her über die Füllung klappen und beginnend mit der Seite der Stielansätze aufrollen. Das Öl in einer Pfanne erhitzen, die Röllchen darin kurz rundum anbraten.

Auch prima als Antipasti

Sherry-Pilze

KH pro Portion 2 g
Für 2 Portionen • geht schnell
⊘ 20 Min.

200 g kleine Champignons • 1 Schalotte • 1 Knoblauchzehe • 2 EL Olivenöl • 100 ml Sherry • Salz • Pfeffer, frisch gemahlen • ½ TL Chilipulver • 1 EL gehackte Petersilie • 2 Zitronenspalten

● Die Champignons mit einem Tuch abreiben, um Erdreste und Sand zu entfernen, und die Stiele abschneiden. Schalotte und Knoblauch abziehen, die Schalotte in Ringe schneiden und die Knoblauchzehe fein würfeln.

● Das Öl in einer Pfanne erhitzen. Schalotte und Knoblauch darin andünsten. Die Pilze zugeben und 5 – 10 Min. garen, dabei gelegentlich wenden, bis die Flüssigkeit verdampft ist.

● Mit Sherry ablöschen und alles kurz erhitzen. Mit Salz, Pfeffer und Chilipulver würzen. Mit Petersilie bestreuen und mit den Zitronenspalten zum Beträufeln servieren.

Das passt dazu lecker mit einer Scheibe Eiweiß-Brot

Wunderschön als Fingerfood
Käsekugeln

KH pro Portion 6 g
Für 2 Portionen • gelingt leicht
⊘ 15 Min.

100 g Frischkäse (light) • 100 g Mascarpone • 30 gehackte Mandeln • 30 g gehackte Pistazien

● Frischkäse und Mascarpone gut verrühren. Die Mandeln in einer trockenen Pfanne rösten, bis sie duften. Mandeln und Pistazien getrennt in kleine Schälchen geben.

● Mit einem Teelöffel etwas Käsemasse abnehmen und mit den Händen zu Kugeln formen. Die Hälfte der Kugeln in den Pistazien, die andere Hälfte in den Mandeln wälzen.

Variante Zum Servieren die Kugeln in Pralinenmanschetten legen oder auf kleinen Pumpernickeltalern servieren. Sie können die Frischkäsekugeln auch mit Paprikapulver ummanteln, mit grob zerstoßenem buntem Pfeffer, mit Currypulver oder Sesam oder mit gehackten frischen Kräutern nach Wahl.

Bayerische Brotzeit
Obatzter

KH pro Portion 8 g
Für 2 Portionen • geht schnell
⊘ 5 Min.

125 g sehr reifer Camembert • 1 kleine Zwiebel • 50 g zimmerwarme Butter • Salz • Pfeffer, frisch gemahlen • ½ TL rosenscharfes Paprikapulver • 2 Scheiben Knäckebrot

● Den Camembert mit einer Gabel fein zerdrücken. Die Zwiebel abziehen und sehr fein würfeln. Die Butter mit einer Gabel cremig verrühren.

● Butter, Camembert und Zwiebelwürfel miteinander vermischen. Mit Salz, Pfeffer und dem Paprikapulver würzen. Zusammen mit dem Knäckebrot servieren.

Variante Wer mag, gibt ein wenig Kümmel dazu. Sein erdig-süßlicher Geschmack passt hervorragend zur pikant-scharfen Käsecreme.

Snack aus Mexiko
Avocado mit Tomaten-Salsa

KH pro Portion 6 g
Für 2 Portionen • gelingt leicht
⊘ 10 Min.

2 Tomaten • 1 Frühlingszwiebel • 1 kleine Knoblauchzehe • 1 EL Öl • ½ EL Weißweinessig • Salz • Pfeffer, frisch gemahlen • Chilipulver nach Belieben • 1 reife Avocado • etwas Zitronensaft

● Die Tomaten waschen und halbieren. Stielansatz, Kerne und Saft entfernen und das Fruchtfleisch klein würfeln. Die Frühlingszwiebel waschen, putzen (dabei auch dunkelgrüne Blätter entfernen) und in dünne Scheibchen schneiden. Den Knoblauch abziehen und fein würfeln.

● Öl und Essig vermischen, mit Salz, Pfeffer und nach Belieben Chilipulver würzen. Das Dressing mit den vorbereiteten Zutaten mischen.

● Die Avocado halbieren und den Kern herauslösen. Mit einem Esslöffel das Fruchtfleisch vorsichtig im Ganzen aus den Hälften herauslösen. Das Fruchtfleisch in nicht zu dicke Scheiben schneiden und auf zwei Tellern anrichten. Die Tomatensalsa dazuservieren.

Beilage zu Grillfleisch

Champignons mit Hüttenkäse

KH pro Portion 4 g
Für 2 Portionen • gut vorzubereiten
⊘ 15 Min. + 15 Min. Backzeit

2 Riesenchampignons • 2 getrockne-te, in Öl eingelegte Tomaten • 8 Blät-ter Basilikum • 100 g körniger Frisch-käse • Salz • Pfeffer, frisch gemah-len • rosenscharfes Paprikapulver

● Den Backofen auf 200 Grad (Um-luft 180 Grad) vorheizen. Die Cham-pignons abreiben, den Stiel heraus-drehen und die Lamellen mit einem Teelöffel entfernen. Die Tomaten sehr fein schneiden. Basilikum waschen, trocken schütteln und hacken.

● Frischkäse, Tomaten und Basili-kum mischen. Mit Salz, Pfeffer und Paprikapulver abschmecken. Die Käsemasse in die Champignons füllen und im heißen Ofen (Mitte) ca. 15 Min. backen.

Schön fürs Büfett

Gefüllte Mini-Paprika

KH pro Portion 8 g
Für 2 Portionen • gelingt leicht
⊘ 15 Min.

6 Mini-Paprikaschoten • 100 g Ziegen-frischkäse • 1 TL Öl

● Die Paprikaschoten waschen. Oben am Stielansatz jeweils einen Deckel abschneiden, durch diese Öffnung auch Kerne und den weiße Trenn-wände entfernen.

● Mithilfe von zwei Teelöffeln den Frischkäse ist die ausgehöhlten Schoten einfüllen. Das Öl in einer Pfanne erhitzen und die die gefüllten Mini-Paprika darin rundherum an-braten.

Variante Unter den Ziegenfrischkäse gehackte Kräuter nach Wahl mi-schen. Oder die Schoten mit einem (Kuhmilch)-Frischkäse Ihrer Wahl füllen. Im Kühlregal des Supermarkts finden sich zahlreiche verschiedene Geschmacksrichtungen.

Tipp Die Mini-Paprika lassen sich am besten mit einem Kugelausstecher (für Melonenkugeln) oder einem scharfkantigen kleinen Teelöffel aus-höhlen.

Prima für Gäste

Meerrettich-Mousse

KH pro Portion 15 g
Für 2 – 3 Portionen •
braucht etwas mehr Zeit
⊘ 10 Min. + 3 Stunden Kühlzeit

100 g Crème fraîche • 1 EL Meerrettich (aus dem Glas) • ½ EL Zitronensaft • Salz • Pfeffer, frisch gemahlen • Zucker • ½ gestr. TL Agar-Agar • 50 g Sahne • 2 Möhren • 1 Paprika-schote • 2 Tomaten

● Crème fraîche, Meerrettich und Zitronensaft vermischen. Mit Salz, Pfeffer und 1 Prise Zucker würzen.

● Agar-Agar in einem kleinen Topf mit 50 ml Wasser verrühren und er-hitzen. Nach Packungsangabe 1 Min. köcheln lassen, dann von der Koch-stelle nehmen. Die Meerrettichmasse nach und nach zum Agar-Agar geben und unterrühren. Die Sahne steif schlagen und unterheben. 3 Stunden im Kühlschrank kühl stellen.

● Die Möhren schälen und in lange Stifte schneiden. Paprika vierteln, putzen und waschen. Die Viertel längs in Streifen schneiden. Die Tomaten waschen und achteln, den Stielansatz dabei entfernen. Die Meerrettich-Mousse mit der Rohkost servieren.

Mit Weißwein verfeinert

Champignonsuppe

KH pro Portion 5 g
Für 2 Portionen • preisgünstig
⏱ 15 Min. + 20 Min. Garzeit

250 g Champignons • 1 kleine Zwiebel • 1 EL Öl • 75 ml Weißwein • 300 ml heiße Gemüsebrühe • 100 g Sahne • ½ TL frische Thymianblättchen • Salz • Pfeffer, frisch gemahlen

● Die Champignons mit einem Tuch abreiben, putzen und in Scheiben schneiden. Die Zwiebel abziehen und fein würfeln.

● Das Öl erhitzen und die Zwiebeln darin anschwitzen. Die Champignons zugeben und ein paar Minuten mitbraten. Mit dem Weißwein ablöschen. Die heiße Gemüsebrühe zugeben und alles aufkochen. Circa 20 Min. köcheln lassen.

● Mit einem Schaumlöffel oder einem kleinen Sieb einen Teil der Champignons herausnehmen. Den Rest mit der Suppe pürieren. Sahne und Thymianblättchen dazugeben und alles erhitzen. Die Suppe mit Salz und Pfeffer abschmecken, auf Teller verteilen und die mit den restlichen Champignonscheiben dekorieren.

Mit feiner Schärfe
Kressesuppe

KH pro Portion 3 g
Für 2 Portionen • geht schnell
⊘ 10 Min.

2 Kästchen Kresse • 1 Eigelb •
100 g Sahne • 325 ml Gemüsebrühe •
Muskatnuss

● Die Kresse möglichst ohne die
Stiele abschneiden. Das Eigelb mit
50 g Sahne verquirlen. Die Gemüsebrühe mit der übrigen Sahne in eine
Topf geben und aufkochen.

● Das verquirlte Eigelb unter Rühren
in die (nicht mehr kochende) Gemüsebrühe einfließen lassen. Die Kresse
unterrühren und die Suppe mit
Muskatnuss abschmecken.

Tipp Wer es cremiger mag, püriert
die Suppe mit dem Pürierstab.

Zwiebelsuppe mal anders
Frühlingszwiebel-suppe

KH pro Portion 13 g
Für 2 Portionen • preisgünstig
⊘ 20 Min.

1 Bund Frühlingszwiebeln • 1 Knoblauchzehe • 1 EL Butter • 1 EL Mehl •
250 ml Gemüsebrühe • einige rote
Pfefferkörner • 100 g Frischkäse •
Salz • Pfeffer, frisch gemahlen

● Die Frühlingszwiebeln waschen
und putzen (auch dunkelgrüne Blätter entfernen). Die weißen Teile in
dünne Scheiben, die hellgrünen in
mundgerechte Stücke schneiden.
Knoblauch abziehen, fein würfeln.

● Die Butter erhitzen und die weißen Zwiebelringe und den Knoblauch darin dünsten. Das Mehl
darüberstäuben und kurz anbraten.
Mit der Gemüsebrühe ablöschen. Die
grünen Frühlingszwiebeln zugeben
und alles ca. 10 Min. köcheln lassen.
Die Suppe von der Kochstelle nehmen. Die roten Pfefferkörner im
Mörser zerdrücken.

● Den Frischkäse unterrühren.
Die Suppe mit Salz, Pfeffer und dem
roten Pfeffer abschmecken.

Variante Lecker auch mit aromati-
siertem Frischkäse mit Kräutern oder
Pfeffer

Schönes Frühlingssüppchen
Bärlauchsuppe

KH pro Portion 4 g
Für 2 Portionen • geht schnell
⊘ 15 Min.

80 g Bärlauch • 1 kleine Zwiebel • 1 EL
Olivenöl • 500 ml Gemüsebrühe •
100 g Sahne • 1 Eigelb • Salz • Pfeffer,
frisch gemahlen

● Den Bärlauch waschen, verlesen
und abtropfen lassen. Die Zwiebel
abziehen und fein würfeln.

● Das Öl erhitzen und die Zwiebelwürfel darin andünsten. Bärlauch
zugeben und kurz mitdünsten. Mit
Gemüsebrühe ablöschen, aufkochen
und 5 – 10 Min. köcheln lassen.

● Die Sahne mit dem Eigelb verquirlen und die Mischung in die (nicht
mehr kochende) Suppe unter Rühren
einfließen lassen. Die Bärlauchsuppe
mit Salz und Pfeffer abschmecken
und servieren.

Tipp Frischen Bärlauch gibt's nur im
Frühling und Sommer. Wer das ganze
Jahr über das knoblauchwürzige
Kraut zur Verfügung haben möchte,
gefriert einen Vorrat an Bärlauch-
blättern fein gehackt und in Gefrierbeutel gefüllt ein.

Kressesuppe

Ein Klassiker von Oma

Gemüsebrühe mit Eierstich

KH pro Portion 2 g
Für 2 Portionen • preisgünstig
⊘ 10 Min. + 20 Min. Garzeit

2 Eier • 4 EL Milch • Salz • Muskatnuss • 400 ml heiße Gemüsebrühe • Fett für die Form

● Die Eier mit Milch, ein bis zwei Prisen Salz und einer Prise Muskatnuss gründlich verrühren. Eine Auflaufform mit Deckel oder einen kleinen Topf (Ø ca.15 cm) fetten und die Eiermasse hineinfüllen.

● Die Auflaufform ins heiße Wasserbad stellen und zugedeckt in ca. 20 Min. stocken lassen.

● Den Eierstich auf einen Teller stürzen und abkühlen lassen. Entweder in Würfel schneiden oder mit Ausstechförmchen Formen ausstechen. In die heiße Gemüsebrühe einlegen und sofort servieren.

Variante Der Eierstich lässt sich leicht mit frischen Kräutern aufpeppen. Gut passen Petersilie, Dill, Majoran oder frischer Kerbel. 1 EL gehackte Kräuter in die Eimasse rühren und alles ins Wasserbad stellen.

Pikantes Süppchen

Möhren-Kokos-Suppe

KH pro Portion 11 g
Für 2 Portionen • gelingt leicht
⊘ 25 Min.

3 Möhren (300 g) • 1 Zwiebel • 1 EL Öl • 300 ml kräftige Gemüsebrühe • 100 ml Kokosmilch • Salz • Pfeffer, frisch gemahlen • Cayennepfeffer

● Die Möhren schälen und in Scheiben schneiden. Die Zwiebel abziehen, fein würfeln und im heißen Öl in einem Topf hellgelb andünsten.

● Die Möhrenscheiben zugeben und ebenfalls kurz andünsten. Mit der Brühe ablöschen und alles aufkochen. Das Ganze ca. 15 Min. köcheln lassen, bis die Möhren weich sind.

● Die Suppe pürieren. Die Kokosmilch zugeben und alles nochmals kurz aufkochen. Mit Salz, Pfeffer und Cayennepfeffer pikant abschmecken.

Tipp Vor dem Servieren die Suppe mit leicht gerösteten Kokoschips oder Kokosflocken bestreuen.

Einfach und gut

Spinatsuppe

KH pro Portion 4 g
Für 2 Portionen • gelingt leicht
⊘ 15 Min.

300 g Blattspinat • Salz • 1 kleine Zwiebel • 1 Knoblauchzehe • 1 EL Öl • 300 ml Gemüsebrühe • Salz • Pfeffer, frisch gemahlen • Muskatnuss • 100 g Sahne

● Den Spinat waschen, putzen und verlesen. In kochendem Salzwasser kurz blanchieren. Den Spinat in ein Sieb abgießen und mit kaltem Wasser abschrecken. Abtropfen lassen.

● Zwiebel und Knoblauch abziehen und fein würfeln. Beides in einem Topf im heißen Öl andünsten.

● Den Spinat hacken und zu den Zwiebeln geben. Mit der Brühe ablöschen. Alles aufkochen und 5 Min. köcheln lassen. Die Suppe mit Salz, Pfeffer und Muskatnuss würzen. Die Sahne zugeben und die Suppe vor dem Servieren nochmals kurz aufkochen.

Variante Einen kleinen Teil der Sahne steif schlagen und zum Servieren als Häubchen auf die Suppe geben.

Gemüsebrühe mit Eierstich

Sauerkrautsuppe

Herzhafte Herbst-Winter-Suppe

Sauerkrautsuppe

KH pro Portion 29 g
Für 2 Portionen • gut vorzubereiten
⊘ 20 Min.

1 kleine Zwiebel • 1 Knoblauchzehe • 1 EL Öl •
400 g passierte Tomaten • 250 ml kräftige Gemüsebrühe •
400 g (Wein-)Sauerkraut • 5 Wacholderbeeren • Salz •
Pfeffer, frisch gemahlen • Chilipulver nach Belieben

● Zwiebel und Knoblauch abziehen und fein würfeln. Das
Öl in einem Topf erhitzen und Zwiebeln und Knoblauch
darin andünsten.

● Die passierten Tomaten und die Gemüsebrühe zugeben
und aufkochen. Das Sauerkraut und die
Wacholderbeeren zugeben, mit
Pfeffer und wenig Salz würzen, aufkochen und ca. 10 Min.
köcheln lassen. Mit Chilipulver und gegebenenfalls nochmals mit Salz und Pfeffer abschmecken.

Das passt dazu Eiweißbrot

Cremiges Süppchen

Schwarzwurzelsuppe

KH pro Portion 4 g
Für 2 Portionen • gelingt leicht
⊘ 35 Min.

200 g Schwarzwurzeln • 50 ml Weißweinessig • 1 kleine
Zwiebel • 1 EL Öl • 400 ml Gemüsebrühe • 100 g Sahne •
Salz • Pfeffer, frisch gemahlen • Muskatnuss • 1 EL gehackte
Petersilie

● Die Schwarzwurzeln unter fließendem Wasser abbürsten. In das Spülbecken knapp eine Handbreit hoch
kaltes Wasser einlaufen lassen, den Essig dazugeben und
die Wurzeln unter Wasser schälen und anschließend im
Wasser liegen lassen.

● Die Zwiebel abziehen und fein würfeln. Das Öl in einem
Topf erhitzen und die Zwiebeln darin andünsten. Die
Schwarzwurzeln abtupfen, in kleine Stücke schneiden und
in den Topf geben. Die Gemüsebrühe angießen. Alles aufkochen und 15 – 20 Min. köcheln lassen.

● Die Sahne dazugießen und alles mit dem Pürierstab
pürieren. Mit Salz, Pfeffer, Muskatnuss und dem Zitronensaft würzen. Mit der Petersilie bestreut servieren.

SALATE

Frühlingsbote
Mairübchensalat

KH pro Portion 5 g
Für 2 Portionen • geht schnell
⊘ 10 Min.

200 g Mairübchen • 1 Hand voll Rukola (ca. 50 g) •
4 EL Olivenöl • 2 EL Weißweinessig • Salz • Pfeffer, frisch
gemahlen • Zucker • 10 g Parmesanspäne zum Bestreuen

● Die Mairübchen putzen, schälen und waschen. Mit dem
Gemüsehobel in dünne Scheibchen schneiden. Den Rukola
waschen, verlesen und abtropfen lassen.

● Aus Olivenöl, Essig, Salz, Pfeffer und 1 Prise Zucker ein
Dressing rühren. Mairübchen, Rukola und das Dressing
vermischen. Mit den Parmesanspänen bestreut servieren.

Tipp Mairübchen schmecken auch gedünstet sehr gut zu
diesem Salat: Die Scheibchen in Butter mit etwas Zucker
und Salz glasieren und unter den marinierten Rukola
heben.

Erfrischender Sommersalat

Gurkensalat mit Melone

KH pro Portion 10 g
Für 2 Portionen • gelingt leicht
🕑 10 Min.

½ Salatgurke • ½ Cantaloupe-Melone • 2 EL weißer Balsamicoessig (oder Weißweinessig) • 3 EL Öl (z. B. kalt gepresstes Rapsöl) • Salz • Pfeffer, frisch gemahlen

● Die Salatgurke waschen und nach Belieben schälen. Die Melonenhälfte mit einem Löffel entkernen, schälen und längs halbieren. Gurke und Melone anschließend quer in dünne Scheiben schneiden.

● Essig und Öl verquirlen und mit Salz und Pfeffer würzen. Melonen- und Gurkenscheiben mit dem Dressing mischen.

Ganz einfach, aber gut

Petersiliensalat

KH pro Portion 6 g
Für 2 Portionen • geht schnell
🕑 10 Min.

1 EL Weißweinessig (oder weißer Balsamessig) • 2 EL Olivenöl • Salz • Pfeffer, frisch gemahlen • Zucker • 1 Petersilienwurzel • 1 Bund Petersilie • ½ rote Zwiebel

● Aus Essig und Öl, Salz, Pfeffer und 1 Prise Zucker in einer weiten Schüssel ein Dressing rühren. Die Petersilienwurzel schälen und auf der groben Reibe in das Dressing hinein-raspeln.

● Die Petersilie waschen und trocken schütteln, die Blätter abzupfen und grob hacken. Die Zwiebel abziehen und in Halbringe schneiden.

● Petersilie und Zwiebelringe mit der geraspelten Petersilienwurzel vermischen.

Mit Mini-Mozzarella

Romanasalat à la Caprese

KH pro Portion 11 g
Für 2 Portionen • geht schnell
🕑 10 Min.

200 g Romanasalatherzen • 200 g Kirschtomaten • 10 Mini-Mozzarella-kugeln • 3 EL Balsamicoessig • ½ TL Senf • Salz • Pfeffer, frisch gemahlen • Zucker • 3 EL Olivenöl

● Den Salat in seine Blätter zerteilen, waschen, putzen und trocken schütteln. Die Blätter in mundgerechte Stücke zupfen. Kirschtomaten waschen und halbieren. Die Mozzarellakugeln ebenfalls halbieren.

● Den Essig mit Senf, Salz, Pfeffer und 1 Prise Zucker gut vermischen. Das Olivenöl unterrühren.

● Salatblätter, Tomaten und Mozzarella in einer Schüssel vermischen, das Dressing darübergeben und den Romanasalat servieren.

RAMONTIN

Gurkensalat mit Melone

Romanescosalat

Leckerer Gemüsesalat

Romanescosalat

KH pro Portion 4 g
Für 2 Portionen • gut vorzubereiten
⊘ 20 Min. + 30 Min. Kühlzeit

1 kleiner Romanesco • Salz • 125 ml
heiße Gemüsebrühe • 3 EL Essig •
Salz • Pfeffer, frisch gemahlen •
Zucker • 2 EL Öl • 1 Frühlingszwiebel

● Den Romanesco putzen, in
Röschen teilen und waschen. Die
Röschen in kochendem Salzwasser
ca. 10 Min. bissfest garen. Die Gemüsebrühe mit Essig mischen und mit
Salz, Pfeffer und 1 Prise Zucker würzen. Die Frühlingszwiebel waschen,
putzen (dabei auch dunkelgrüne
Blätter entfernen) und in feine Ringe
schneiden.

● Den Romanceso abgießen und mit
den Frühlingszwiebeln in eine
Schüssel geben. Mit der Marinade
übergießen, alles vermengen und vor
dem Servieren zugedeckt mindestens 30 Min. ziehen lassen.

● Zuletzt das Öl untermischen. Den
Salat nochmals abschmecken und
servieren.

Prima zur Brotzeit

Krautsalat mit Ananas

KH pro Portion 14 g
Für 2 Portionen • gut vorzubereiten
⊘ 10 Min. + 3 Stunden Ziehzeit

400 g Weißkohl • 3 Scheiben Ananas
(100 g), frisch oder aus der Dose •
2 EL Joghurt-Salatcreme • 1 EL Essig •
Salz • Pfeffer, frisch gemahlen • Chilipulver

● Vom Weißkohl den Strunk und
welke Blätter entfernen. Den Weißkohl halbieren und in feine Streifen
schneiden. Weißkohlstreifen in einer
Schüssel mit der Hand kräftig durchkneten. Die Ananasscheiben in kleine
Stücke schneiden.

● Die Salatcreme mit dem Essig mischen. Mit Salz, Pfeffer und Chilipulver würzen und mit dem Weißkohl
und der Ananas vermischen. Den
Krautsalat vor dem Servieren im
Kühlschrank mindestens 3 Stunden
durchziehen lassen.

Für Käseliebhaber

Käsesalat mit Paprika

KH pro Portion 7 g
Für 2 Portionen • geht schnell
⊘ 10 Min.

200 g fettarmer Gouda (30 %) am
Stück • 1 rote Paprikaschote • 1 Frühlingszwiebel • 2 EL Essig • 1 EL Öl •
Salz • Pfeffer, frisch gemahlen •
Zucker • 1 EL gehackte Petersilie

● Vom Gouda die Rinde entfernen
und den Käse in ca. 1 cm große Würfel schneiden. Die Paprika vierteln,
putzen und waschen, die Viertel
ebenfalls in 1 cm große Stücke
schneiden. Die Frühlingszwiebel
waschen, putzen (dabei auch dunkelgrüne Blätter entfernen) und in
feine Ringe schneiden.

● Für das Dressing Essig mit Öl,
Salz, Pfeffer und 1 Prise Zucker vermischen. Das Ganze in einer Schüssel
mit den vorbereiteten Zutaten vermischen. Den Käsesalat mit Petersilie
bestreut servieren.

Erfrischend fruchtig
Rote-Bete-Salat mit Rukola

KH pro Portion 22 g
Für 2 – 3 Portionen · geht schnell
⊘ 10 Min.

250 g Rote Bete (vorgegart, vakuumverpackt) · 50 g Rukola · 1 Frühlingszwiebel · 1 Orange · 2 EL Balsamicoessig · Salz · Pfeffer, frisch gemahlen · Zucker · 4 EL Olivenöl

● Rote Bete abtropfen lassen, vierteln und in Scheiben schneiden. Dabei am besten mit Handschuhen und auf einem Kunststoffbrett bzw. einem Porzellanteller arbeiten, denn der Rote-Bete-Saft färbt stark. Den Rukola waschen, verlesen und trocken schütteln.

● Die Frühlingszwiebel waschen, putzen (dabei auch dunkelgrüne Blätter entfernen) und in feine Ringe schneiden.

● Von der Orange mit einem sehr scharfen Messer die Schale herunterschneiden, sodass nur noch das Fruchtfleisch übrig bleibt. Die Orangenfilets zwischen den Trennhäutchen herausschneiden, dabei den Saft auffangen. Die Trennhäute ausdrücken und den Saft ebenfalls auffangen.

● Den aufgefangenen Orangensaft und den Balsamicoessig mischen, mit Salz, Pfeffer und 1 Prise Zucker würzen. Das Olivenöl unterrühren.

● Den Rucola in eine Schüssel geben, die Rote Bete dazugeben und leicht unterheben. Orangenfilets und Frühlingszwiebel draufgeben und mit dem Dressing begießen.

Sättigender Salat
Eiersalat mit Radieschen

KH pro Portion 7 g
Für 2 Portionen · gelingt leicht
⊘ 20 Min.

4 Eier · 1 Frühlingszwiebel · ½ Bund Radieschen · 2 EL saure Sahne · 75 g Naturjoghurt (3,5 %) · 1 TL Zitronensaft · ½ TL Senf · Salz · Pfeffer, frisch gemahlen · Zucker · 1 EL Rapsöl

● Die Eier ca. 8 Min. hart kochen (entweder in einem Topf in kochendem Wasser oder im Eierkocher).

● In der Zwischenzeit die Frühlingszwiebel und die Radieschen waschen, putzen, dabei von der Frühlingszwiebel auch die dunkelgrünen Blätter entfernen. Frühlingszwiebel in feine Ringe, Radieschen in Scheiben schneiden.

● Saure Sahne, Joghurt, Zitronensaft und Senf vermischen. Mit Salz, Pfeffer und 1 Prise Zucker würzen. Zuletzt das Öl unterrühren.

● Die Eier schälen, vierteln und die Viertel in Stücke schneiden. Die Eier mit den Frühlingszwiebeln, den Radieschen und dem Dressing vermischen.

Rote-Bete-Salat mit Rukola

Die Provence lässt grüßen

Bohnen-Tomaten-Gemüse

KH pro Portion 12 g
Für 2 Portionen • gelingt leicht
⊘ 30 Min.

300 g grüne Bohnen • 300 g Tomaten • 1 kleine Zwiebel •
1 Knoblauchzehe • 1 EL Öl • 2 Zweige Thymian • 100 ml
Gemüsebrühe

● Die Bohnen waschen und putzen. Je nach Länge halbieren oder dritteln. Die Tomaten kreuzweise einritzen und mit kochendem Wasser überbrühen. Tomaten häuten und halbieren, die Stielansätze dabei entfernen. Die Hälften in Spalten schneiden.

● Zwiebel und Knoblauch abziehen und fein würfeln. In einem Topf im heißen Öl andünsten. Thymian und grüne Bohnen zugeben und kurz anbraten. Die Gemüsebrühe zugießen und alles 10 Min. schmoren lassen.

● Die Tomaten zugeben und das Gemüse weitere 5 Min. köcheln lassen. Vor dem Servieren die Thymianzweige entfernen.

Tipp Wenn es ein paar Kohlenhydrate mehr sein dürfen, etwa zu einem gehaltvolleren Mittagessen, können Sie auch eine Handvoll gekochte (Vollkorn-)Nudeln untermischen.

Tolles Last-Minute-Essen

Lupinengeschnet-
zeltes mit Erbsen

KH pro Portion 23 g
Für 2 Portionen • geht schnell
⊘ 15 Min.

1 kleine Zwiebel • 300 g Lupinengeschnetzeltes (aus dem Bioladen,
alternativ Sojageschnetzeltes) •
½ EL Öl • 200 g Erbsen (TK) • 100 g
Kokosmilch • 50 ml Gemüsebrühe •
2 EL saure Sahne • ½ TL Kurkuma •
Salz • Pfeffer, frisch gemahlen

● Die Zwiebel abziehen und fein
würfeln. Das Lupinengeschnetzelte
mit den Fingern zerpflücken und
nach Packungsangabe 5 Min. unter
gelegentlichem Rühren anbraten.
Beiseitestellen.

● Die Zwiebel im heißen Öl andünsten. Die Erbsen zugeben und unter
Rühren innerhalb weniger Minuten
auftauen lassen. Kokosmilch und Gemüsebrühe zugeben und das Ganze
aufkochen. Saure Sahne und Kurkuma unterrühren. Das Gericht mit
Salz und Pfeffer abschmecken.

Tipp Wenn es ein paar Kohlenhydrate mehr sein dürfen, etwas Reis
dazu servieren.

So köstlich wie bei Oma

Bohneneintopf

KH pro Portion 19 g
Für 2 Portionen •
braucht etwas mehr Zeit
⊘ 20 Min. + 30 Min. Garzeit

300 g grüne Bohnen • 1 Zwiebel •
1 Kartoffel • 1 große Möhre • 1 EL Öl •
2 Stängel Bohnenkraut (oder 1 TL
getrocknetes Bohnenkraut) • 400 ml
Gemüsebrühe • Salz • Pfeffer, frisch
gemahlen

● Die Bohnen waschen, putzen und
lange Bohnen kürzen. Die Zwiebel
abziehen und fein würfeln. Kartoffel
schälen, vierteln und in ca. 5 mm
dicke Scheiben schneiden. Die Möhre
schälen und ebenfalls in Scheiben
schneiden.

● Das Öl in einem Topf erhitzen und
die Zwiebelwürfel darin andünsten.
Bohnen, Kartoffel- und Möhrenscheiben und das Bohnenkraut
zugeben. Die Gemüsebrühe dazugießen, alles aufkochen und ca.
30 Min. garen. Mit Salz und Pfeffer
abschmecken und servieren.

Das passt dazu eine Scheibe Eiweißbrot

Zum Sattessen

Paprikarahmsauce
mit Pasta

KH pro Portion 35 g
Für 2 Portionen • preisgünstig
⊘ 25 Min.

1 große Paprikaschote (ca. 400 g) •
2 Zwiebeln • 1 Knoblauchzehe •
250 g Nudeln • Salz • 2 EL Olivenöl •
2 EL Tomatenmark • 125 ml Gemüsebrühe • 1 TL getrockneter Oregano •
100 g Frischkäse • 50 g Sahne

● Die Paprikaschoten waschen, putzen und in mundgerechte Stücke
schneiden. Zwiebeln und die Knoblauchzehe abziehen und fein würfen.
Reichlich Wasser zum Kochen bringen und die Nudeln darin nach
Packungsangabe bissfest garen.

● Das Öl in einem Topf erhitzen und
Zwiebeln und Knoblauch darin an-
dünsten. Das Tomatenmark unter-
rühren und kurz mit anrösten. Die
Paprikastücke zugeben und einige
Minuten andünsten.

● Paprikagemüse mit der Brühe
ablöschen und alles aufkochen.
Oregano zugeben und alles ca. 5 Min.
köcheln lassen. Den Topf von der
Kochstelle nehmen, den Frischkäse
und die Sahne unterrühren, die
Sauce nochmals aufkochen und mit
den Nudeln servieren.

Lupinengeschnetzeltes mit Erbsen

Linsenbratlinge mit Sommersalat

Tolle Kombination
Linsenbratlinge
mit Sommersalat

KH pro Portion 29 g
Für 2 Portionen • braucht etwas mehr Zeit
⊙ 20 Min. + ca. 30 Min. Garzeit

75 g schwarze Belugalinsen • ¼ Eisbergsalat • ¼ Salatgurke • 1 Tomate • 150 g Naturjoghurt (3,5 %) • 1 EL Zitronensaft • Salz • Pfeffer, frisch gemahlen • Zucker • 1 kleine
Zwiebel • 2 EL Öl • 2 EL Haferflocken • 1 EL Mehl • 1 Ei •
Chilipulver

● Die Linsen in ca. ¼ l Wasser in 20 – 30 Min. gar kochen.

● Salat, Gurke und Tomate waschen und putzen. Die
Eisbergsalatblätter zerpflücken, die Gurke in Scheiben
schneiden, die Tomate achteln. Für das Dressing den
Joghurt mit dem Zitronensaft vermischen und mit Salz,
Pfeffer und 1 Prise Zucker würzen.

● Die Linsen abgießen, das Wasser dabei auffangen.
Die Linsen mit etwas aufgefangenem Wasser pürieren.

● Die Zwiebel abziehen und fein würfeln. In einer Pfanne
1 TL Öl andünsten. Angeschwitzte Zwiebeln, Haferflocken,
Mehl, Salz, Pfeffer und Chilipulver zum Linsenmus geben.
Alles gut verrühren, bis ein mittelfester Teig entstanden
ist. Wenn nötig, etwas Linsenkochwasser zugeben.

● Das übrige Öl in der Pfanne erhitzen. Die Linsenmasse
zu kleinen Bratlingen formen und von beiden Seiten
3 – 4 Min. braten. Bratlinge und Salat auf zwei Tellern
anrichten und den Salat mit dem Dressing übergossen
dazu reichen.

Raffiniert für Gäste
Sauerkrautpuffer
mit Meerrettich-Dip

KH pro Portion 32 g
Für 2–3 Portionen • braucht etwas mehr Zeit
⊙ 45 Min.

Für die Puffer: 250 g Sauerkraut • 250 g mehlig kochende
Kartoffeln • ½ Apfel • 2 Eier (Größe M) • 2 EL Mehl • Salz •
Pfeffer, frisch gemahlen • Muskatnuss • 2 EL Butterschmalz
Für den Dip: ½ Apfel • 2 EL Meerrettich (aus dem Glas) •
Salz • Pfeffer, frisch gemahlen • Zucker • 1 TL Limettensaft •
100 g Sahne

● Das Sauerkraut ausdrücken. Die Kartoffeln schälen und
fein reiben. Den Apfel schälen, das Kerngehäuse entfernen
und das Fruchtfleisch ebernfalls fein reiben. Sauerkraut,
Kartoffeln und den geriebenen Apfel gründlich mischen.

● Die Eier verquirlen. Eier und Mehl zur Sauerkrautmasse
geben. Alles mit Salz, Pfeffer und Muskatnuss würzen und
gründlich vermengen.

● Das Butterschmalz in einer großen Pfanne erhitzen.
Esslöffelgroße Portionen Sauerkrautmasse in die Pfanne
geben, mit Löffeln zu Puffern formen und auf beiden Seiten
bei mittlerer Hitze 6 – 8 Min. goldbraun braten. Mit der
übrigen Masse genauso verfahren.

● In der Zwischenzeit für den Dip den Apfel schälen, das
Kerngehäuse entfernen und das Fruchtfleisch fein reiben.
Mit Meerrettich, Salz, Pfeffer, 1 Prise Zucker, Limettensaft
und der Sahne vermischen. Den Dip zu den Sauerkraut-
puffern reichen.

Köstlicher Eintopf

Linsencurry

KH pro Portion 39 g
Für 2 Portionen • preisgünstig
⏱ 25 Min.

1 Zwiebel • 1 Knoblauchzehe • 2 Möhren (ca. 200 g) •
1 Stück frischer Ingwer • 1 El Öl • 150 g rote Linsen •
500 ml Gemüsebrühe • ½ TL Currypulver • ½ TL Kurkuma •
2 EL Naturjoghurt (3,5 %)

● Zwiebel und Knoblauch abziehen und fein würfeln.
Die Möhren schälen und je nach Größe längs halbieren
oder vierteln, dann in ca. 3 mm dicke Scheiben schneiden.
Den Ingwer schälen und fein reiben.

● Das Öl erhitzen und Zwiebel und Knoblauch darin
andünsten. Linsen und Möhren sowie Currypulver und
Kurkuma zugeben und ebenfalls unter Rühren kurz
andünsten. Mit der Gemüsebrühe ablöschen und alles
10 – 15 Min. köcheln lassen.

● Den Ingwer zugeben, am besten nach und nach dosieren
und immer wieder kosten. Das Linsencurry mit je 1 Klecks
Joghurt servieren.

Herzhafte Puffer mit Dip

Wirsingpuffer mit Schnittlauchdip

KH pro Portion 17 g
Für 2 Portionen • preisgünstig
⏱ 35 Min.

300 g Wirsing • 1 Kartoffel • 1 Schalotte • 2 Eier • 1 TL getrocknete Kräuter der Provence • Salz • Pfeffer, frisch gemahlen • 3 EL Butterschmalz • 250 g Magerquark • 2 EL
Milch • 1 Bund Schnittlauch • Salz • Pfeffer, frisch gemahlen

● Den Wirsing waschen, putzen, in feine Streifen schneiden und in kochendem Salzwasser kurz blanchieren.
Abgießen und abtropfen lassen. Die Kartoffel schälen und
reiben. Schalotte abziehen und fein würfeln. Die vorbereiteten Zutaten mit den Eiern und den Kräutern verrühren.
Mit Salz und Pfeffer würzen.

● Das Butterschmalz erhitzen. Aus je 1 EL Wirsingmasse in
der Pfanne Puffer formen und von beiden Seiten goldgelb
braten. Mit der restliche Masse genauso verfahren.

● Den Quark mit der Milch glatt rühren. Den Schnittlauch
waschen, trocken schütteln, in feine Röllchen schneiden
und mit dem Quark verrühren. Den Schnittlauchdip mit
Salz und Pfeffer würzen und zu den Puffern servieren.

Tolles Mittagessen

Zucchiniauflauf

KH pro Portion 11 g
Für 2 Portionen • braucht etwas mehr Zeit
⏱ 20 Min. + 30 Min. Backzeit

500 g Zucchini • 1 kleine Zwiebel • 1 Knoblauchzehe •
1 EL Öl + Öl für die Form • 200 g Feta • 1 Ei • 50 g Sahne •
100 g Ricotta • 1 TL getrockneter Oregano • 2 EL Oliven
mit Stein (40 g)

● Die Zucchini waschen, putzen, längs vierteln und quer in
Scheiben schneiden. Zwiebel und Knoblauch abziehen und
fein würfeln.

● Zwiebeln und Knoblauch in einer Pfanne im heißen Öl
andünsten. Dann die Zucchini zugeben und mitdünsten.
Den Backofen auf 180 Grad (Umluft 160 Grad) vorheizen.
Den Feta mit einer Gabel zerbröseln. Das Ei mit Sahne,
Ricotta und dem Oregano verrühren.

● Eine Auflaufform fetten. Zucchini, Schafskäse und
Oliven mischen, mit Salz und Pfeffer würzen und alles in
die Form geben. Die Eimischung darübergeben und den
Zucchiniauflauf im heißen Ofen auf der mittleren Schiene
25 – 30 Min. backen.

Schöner Herbstauflauf

Lauch-Kartoffel-Auflauf

KH pro Portion 26 g
Für 2 Portionen • gut vorzubereiten
⏱ 25 Min. + ca. 25 Min. Backzeit

200 g festkochende Kartoffeln • 500 g Lauch • Salz •
½ EL Butter • 1 EL Mehl • ½ EL Currypulver • 100 ml
Gemüsebrühe • 50 g Sahne • ½ TL getrockneter Majoran •
¼ TL gemahlener Kümmel • Öl für die Form

● Die Kartoffeln als Pellkartoffeln in wenig Salzwasser
zugedeckt ca. 20 Min. gar kochen, pellen und in Scheiben
schneiden. Den Lauch waschen, putzen und in knapp 1 cm
dicke Scheiben schneiden. Lauch in kochendem Salzwasser
3 – 5 Min. blanchieren, dann durch ein Sieb abgießen.

● Den Backofen auf 200 Grad (Umluft 180 Grad) vor-
heizen. Die Butter in einem kleinen Topf schmelzen. Das
Mehl mit dem Currypulver zugeben und unter Rühren
anschwitzen. Die Brühe unter Rühren langsam zugießen.
Die Sahne unterrühren und das Ganze kurz aufkochen.
Majoran und Kümmel untermischen und die Sauce mit
Salz abschmecken.

● Eine Auflaufform einfetten. Kartoffel- und Lauch-
scheiben einschichten und mit der Sauce übergießen.
Den Aufauf im heißen Ofen auf der mittleren Schiene
20 – 25 Min. goldgelb backen.

Kohlenhydratarm durch Strudelteig
Mangoldtarte

KH pro Portion 9 g
Für 2 Portionen · gelingt leicht
⊘ 15 Min. + ca. 30 Min. Backzeit

500 g Mangold · ½ Zwiebel · 1 Knoblauchzehe · 2 EL Öl +
Öl für die Form · 1 Blatt Strudelteig (33 g) · 2 Eier ·
50 ml Milch · Salz · Pfeffer, frisch gemahlen · Außerdem:
Auflaufform (ø ca. 20 cm)

● Den Mangold waschen, trocken tupfen und putzen. Die
Stiele abschneiden und diese quer in 1 cm breite Stücke
schneiden. Die Mangoldblätter in 2 cm breite Streifen.
Zwiebel und Knoblauch abziehen und fein würfeln.

● Zwiebeln und Knoblauch in einem Topf oder in einer
weiten Pfanne im heißen Öl andünsten. Die Mangoldstiele
zugeben und ein paar Minuten mitdünsten. Die Mangoldblätter zugeben und alles weitere 5 Min. dünsten.

● In der Zwischenzeit den Backofen auf 180 Grad (Umluft
160 Grad) vorheizen. Die Auflaufform fetten, mit dem
Strudelteig auslegen, dabei überstehenden Teig nach
außen legen. Die Eier mit der Milch mit einem Schneebesen verquirlen, mit Salz und Pfeffer würzen.

● Den Mangold mit Salz und Pfeffer würzen, in die
Auflaufform geben und mit der Eiermilch übergießen.
Den Teig darüber verschließen. Die Tarte im heißen Ofen
auf der mittleren Schiene 25 – 30 Min. backen.

Superlecker auch ohne Fleisch
Vegetarisches Moussaka

KH pro Portion 29 g
Für 2 Portionen · gut vorzubereiten
⊘ 40 Min. + 25 Min. Backzeit

2 Kartoffeln · 1 Aubergine · Salz · 1 Zwiebel · 1 Knoblauchzehe · 5 EL Öl · 1 Dose stückige Tomaten (400 g) ·
1 TL getrockneter Thymian · 1 Zucchini · 100 g Feta ·
150 g Quark · 1 Eigelb · Pfeffer

● Die Kartoffeln als Pellkartoffeln in wenig Salzwasser
zugedeckt in ca. 20 Min. gar kochen. Inzwischen die
Aubergine waschen, putzen und in 1 cm dicke Scheiben
schneiden. Diese mit Salz bestreuen und ziehen lassen.
Zwiebel und Knoblauch abziehen, fein würfeln und in 1 EL
Olivenöl andünsten. Tomaten und Thymian zugeben, mit
Salz und Pfeffer würzen und alles köcheln lassen.

● Die Kartoffeln abgießen, pellen und in Scheiben schneiden. Zucchini waschen, putzen und ebenfalls in knapp
1 cm dicke Scheiben schneiden. Den Feta in kleine Würfel
schneiden und mit dem Quark und dem Eigelb verrühren.
Mit Pfeffer würzen.

● Den Backofen auf 200 Grad (Umluft 180 Grad) vorheizen.
Die Auberginenscheiben trocken tupfen und portionsweise im restlichen Öl von beiden Seiten anbraten. Zum Ent-
fetten auf Küchenpapier legen. Etwas Tomatensauce in
eine feuerfeste Form geben. Die Hälfte der Auberginenscheiben hineinlegen. Kartoffeln und Zucchini hinein-
schichten. Mit der Hälfte der Tomatensauce übergießen.

● Mit den übrigen Auberginenscheiben belegen und die
restliche Tomatensauce darübergießen. Die Käse-Quark-
Masse darauf verteilen und weitere 20 – 25 Min. backen.

Mangoldtarte

Italienische Vorspeise

Fenchel-Bohnenkern-Gemüse

KH pro Portion 23 g
Für 2 Personen • braucht etwas mehr Zeit
⊘ 1 Std. + 12 Std. Einweichzeit

100 g getrocknete kleine weiße Bohnen • 1 Fenchelknolle (ca. 200 g) • 1 Knoblauchzehe • 3 EL Olivenöl • Salz • Pfeffer • 1 EL Zitronensaft • 1 Prise Zucker • grob gemahlener Zitronenpfeffer • 4 EL grob geraspelter Parmesan (15 g)

● Die Bohnen mit reichlich Wasser bedecken und über Nacht einweichen. Am nächsten Tag die Bohnen abgießen und in einen Topf geben. Mit frischem Wasser bedecken und aufkochen, die Bohnen 30–40 Min. kochen.

● Die Fenchelknolle waschen und putzen, das Fenchelgrün abschneiden und fein hacken. Die Fenchelknolle längs halbieren und quer in feine Streifen schneiden.

● Den Knoblauch abziehen und fein hacken. Etwa 10 Min. vor Ende der Garzeit für die Bohnen in einer Pfanne 2 EL Olivenöl erhitzen, darin Knoblauch und Fenchel bei mittlerer Hitze etwa 8 Min. zugedeckt dünsten.

● Bohnen abgießen und dabei 100 ml Kochwasser auffangen. Bohnen und das abgemessene Kochwasser zum Fenchel geben und kurz darin erhitzen. Mit Salz, Pfeffer, Zitronensaft und Zucker abschmecken. Das Gemüse portionieren, mit dem übrigen Öl beträufeln. Mit Fenchelgrün und nach Belieben Zitronenpfeffer (alternativ nur Pfeffer) bestreuen und mit Parmesan garniert servieren.

Supertoll sättigend

Arabisches Kichererbsen-Ratatouille

KH pro Portion 29 g
Für 2 Personen • geht schnell
⊘ 15 Min.

200 g Tomaten • 1 Zwiebel • 1 Aubergine (200 g) • 1 gelbe Paprikaschote • 2 EL Olivenöl • 1 TL gemahlener Kreuzkümmel • 75 ml Gemüsebrühe • 4 EL mildes Ajvar • 200 g Kichererbsen (Konserve, abgetropft) • 1 kleines Bund Petersilie, gehackt • 100 g Ziegenfrischkäse • Salz • Pfeffer, frisch gemahlen

● Tomatenhaut einritzen und die Tomaten kurz in kochendes Wasser legen. Abgießen und kalt abschrecken. Die Haut abziehen und die Tomaten grob würfeln.

● Die Zwiebel abziehen und fein würfeln. Auberginen und Paprika waschen, putzen und in 1–2 cm große Stücke schneiden.

● Das Öl in einem Topf erhitzen. Zwiebeln, Auberginen und Paprika darin unter Wenden scharf anbraten. Kreuzkümmel einrühren, dann Gemüsebrühe, Ajvar und die Tomaten hinzufügen und alles aufkochen lassen. Mit Salz und Pfeffer würzen. Das Ganze zugedeckt 10 Min. köcheln lassen.

● Die Hälfte der Petersilie und die Kichererbsen in den Topf geben und kurz mitschmoren. Das Ratatouille mit Salz und Pfeffer abschmecken, portionieren und mit Stückchen von Ziegenfrischkäse und der restlichen Petersilie bestreut servieren.

Tipp Falls Kichererbsen übrig bleiben, kann man diese mit Joghurt püriert und mit Petersilie, Salz, Pfeffer und etwas Chili abgeschmeckt zu einem Gemüsedip verarbeiten.

Köstliches Herbstessen

Scharfer Spitzkohleintopf

KH pro Portion 18 g

Für 2 Personen • geht schnell

⊘ 10 Min. + 10 Min. Garzeit

400 g Spitzkohl (oder Jaromakohl) • 1 Möhre (80 g) •
1 Zwiebel • 3 EL Öl • 1 TL Kreuzkümmel • 1 EL Tomatenmark • 125 ml Gemüsebrühe • 1 Prise Pul biber aci
(Chiliflocken aus dem türkischen Lebensmittelladen) •
1 – 2 EL Senf • 1 kleine Dose Kidneybohnen (212 ml,
Abtropfgewicht 140 g) • 2 EL Erdnussbutter • Salz •
etwas Orangensaft • etwas frischer Thymian

● Den Kohl putzen, vom Strunk befreien, waschen und
in mundgerechte Stücke schneiden. Die Möhre und die
Zwiebel schälen, beides fein würfeln und in einem großen
Topf im Öl bei mittlerer Hitze unter gelegentlichem Wenden hell anbraten.

● Den Kohl zugeben sowie das Tomatenmark und den
Kreuzkümmel. Alles unter ständigem Rühren kurz anbraten, dann die Brühe einrühren (es sollte aller Bodensatz
abgelöst sein). Das Ganze zugedeckt 5 Min. kochen lassen.

● Den Kohl mit Pul biber würzen, den Senf, die abgetropf-
ten Kidneybohnen und die Erdnussbutter zugeben. Das
Ganze durchrühren und mit Salz würzen. Nochmals ca.
5 Min. zugedeckt kochen lassen. Der Kohl sollte nicht allzu
weich garen.

● Den Eintopf mit Orangensaft abschmecken und mit
Salz und eventuell noch mehr Pul biber abschmecken.
Mit Thymianblättchen bestreut servieren.

Kalziumreich und oberlecker

Sesam-Blumenkohl mit Erbsen

KH pro Portion 21 g

Für 2 Personen • geht schnell

⊘ 10 Min. + 10 Min. Garzeit

1 mittelgroßer Blumenkohl • 1 Zwiebel • 1 kleine Knoblauchzehe • 1 wallnussgroßes Stück Ingwer • 2 EL Sesamsamen • 1 TL gemahlener Koriander • ½ TL gemahlenes Kurkuma • 2 EL Olivenöl • Salz • 200 g TK-Erbsen • Pul biber aci
(Chiliflocken aus dem türkischen Lebensmittelladen) •
50 g Crème fraîche • 1 kleines Bund Petersilie, gehackt

● Vom Blumenkohl die Röschen von den Stielen schneiden
und sehr klein zerteilen, die Röschen gründlich waschen
und gut abtropfen lassen. Die Zwiebel abziehen, halbieren
und in feine Ringe schneiden. Knoblauch und Ingwer
schälen und fein hacken. Sesam ohne Fett bei mittlerer
Hitze unter Wenden kurz leicht anrösten, dann Koriander
und Kurkuma zugeben und mitrösten, bis alles angenehm
duftet. Die Mischung aus der Pfanne auf einen Teller geben.

● Die Zwiebeln im heißen Öl bei mittlerer Hitze unter
häufigem Rühren braten, bis sie leicht Farbe angenommen
haben. Leicht salzen, die Sesam-Gewürz-Mischung sowie
Knoblauch und Ingwer zugeben. Alles kurz unter Rühren
dünsten.

● Blumenkohl und Erbsen zugeben und alles gut durchrühren. Bei Bedarf etwas Wasser zugießen, damit nichts
ansetzt. Das Ganze zugedeckt 8 – 10 Min. dünsten, bis der
Blumenkohl weich ist, aber noch Biss hat. Crème fraîche
einrühren, das Gericht mit Salz und Pul biber abschmecken und mit Petersilie bestreut servieren.

Gebratener Eierreis

Raffiniertes Reste-Essen

Gebratener Eierreis

KH pro Portion 37 g
Für 2 Portionen • preisgünstig
⊘ 25 Min.

60 g Basmatireis • Salz • 100 g TK-Erbsen • 1 kleine rote Paprikaschote • 2 Frühlingszwiebeln • 100 g Sojabohnensprossen • 2 Eier • 1 EL Sojasauce • 3 EL Öl • 1 TL Kurkuma • Pfeffer

● Den Reis nach Packungsangabe in Salzwasser in 10 – 12 Min. gar kochen. In der Zwischenzeit die Erbsen auftauen lassen. Die Paprikaschote waschen, putzen und vierteln. Die Viertel quer in dünne Streifen schneiden. Die Frühlingszwiebeln waschen, putzen (dabei auch dunkelgrüne Blätter entfernen) und in feine Ringe schneiden.

● Die Sojabohnensprossen waschen und abtropfen lassen. Die Eier mit der Sojasauce verquirlen. Den Reis abgießen und ausdampfen lassen.

● 1 EL Öl in einer großen Pfanne oder dem Wok erhitzen. Erbsen, Paprika, Frühlingszwiebeln und die Sojabohnen darin kurz anbraten. Alles an den Rand schieben.

● Wieder 1 EL Öl in die Pfanne geben, erhitzen und den Reis darin anbraten. Mit dem Gemüse mischen und an den Rand schieben.

● Das übrige Öl erhitzen und die Eier darin unter gelegentlichem Rühren stocken lassen. Alles vermischen. Mit Salz, Pfeffer und Kurkuma abschmecken.

Spargel mal anders zubereitet

Spargel-Frittata

KH pro Portion 7 g
Für 2 Portionen • gelingt leicht
⊘ 30 Min.

250 g grüner Spargel • 1 kleine Zwiebel • 1 Knoblauchzehe • 100 g Feta (oder nach Feta-Art eingelegter Kuhmilchkäse) • 4 Eier • 100 g Sahne • Salz • Pfeffer, frisch gemahlen • 1 EL Butter

● Den Spargel waschen, die Enden abschneiden und das untere Drittel der Stangen schälen. Die Stangen in mundgerechte Stücke schneiden. Zwiebel und Knoblauch abziehen und fein würfeln. Den Feta fein zerbröseln.

● Die Eier verquirlen, mit der Sahne vermischen und mit Salz und Pfeffer würzen.

● Die Butter in einer mittelgroßen Pfanne erhitzen. Zwiebeln und Knoblauch darin andünsten. Den Spargel zugeben und in 5 – 10 Min. unter wiederholtem Wenden bissfest dünsten. Die Hitze auf kleine Stufe zurückschalten.

● Die Eiersahne darübergießen, den Feta darüber verteilen. Die Eiersahne knapp 10 Min. stocken lassen. Zum Wenden die Frittata auf einen flachen Teller stürzen und zurück in die Pfanne gleiten lassen. Weitere 5 Min. stocken lassen. Die Frittata in Tortenstücke schneiden und servieren.

Tipp Wenn Sie für Gäste mehr Frittata zubereiten wollen, lassen Sie sie (nach dem Andünsten des Spargels in der Pfanne) im Backofen bei 180 Grad garen. Die Garzeit verlängert sich dabei je nach Menge und Größe der Form auf 20 – 30 Min.

Radicchio mit Ziegenkäse

Wunderbar für Gäste

Radicchio mit Ziegenkäse

KH pro Portion 10 g
Für 2 Portionen • geht schnell
⊘ 15 Min.

2 längliche Radicchio (gibt's beim Gemüsefachhändler) • 4 kleine Oliven-Ziegenkäsetaler (Picandou) • 1 EL Mehl • 1 Ei • Salz • Pfeffer, frisch gemahlen • 3 EL Olivenöl • 1 EL Butter • Zucker

● Den Radicchio putzen und längs vierteln. Den Strunk so entfernen, dass die Blätter noch zusammenhalten. Die Ziegenkäsetaler horizontal halbieren. Mehl und Ei jeweils in eine kleine Schüssel geben. Das Ei verquirlen und mit Salz und Pfeffer würzen. Die Käsetaler erst in Mehl, dann in Eigelb und danach nochmals im Mehl wenden. 2 EL Öl in einer Pfanne erhitzen und die Käsetaler von beiden Seiten anbraten.

● In einer zweiten Pfanne das übrige Öl mit der Butter erhitzen. Den Radicchio einlegen, mit 1 Prise Zucker bestreuen und an den Schnittstellen 1–2 Min. anbraten. Die Hitze abstellen, die Pfanne auf der Kochstelle lassen und den Radicchio weitere 2 Min. gar ziehen lassen. Die Käsetaler mit dem Radicchio servieren.

Prima fürs Brunch

Tomate-Mozzarella-Rührei

KH pro Portion 5 g
Für 2 Portionen • geht schnell
⊘ 10 Min.

4 Eier • 2 EL Sahne • Salz • Pfeffer, frisch gemahlen • 200 g Cocktailtomaten • ½ Kugel Mozzarella • 2 TL Butter • 6 Basilikumblätter

● Die Eier mit der Sahne verquirlen und mit Salz und Pfeffer würzen. Die Tomaten waschen, trocknen und halbieren. Den Mozzarella abtropfen lassen und danach in kleine Stücke schneiden.

● Die Butter in einer beschichteten Pfanne bei mittlerer Hitze erhitzen. Die Tomaten kurz darin andünsten. Die Temperatur etwas zurückschalten, die verquirlten Eier und den Mozzarella zugeben, alles einmal kurz verrühren und dann, ohne zu rühren, stocken lassen.

● Das Rührei auf zwei Teller verteilen und mit dem Basilikum garniert sofort servieren.

Mit Preiselbeeren verfeinert

Gebackener Camembert

KH pro Portion 26 g
Für 2 Portionen • geht schnell
⊘ 15 Min.

1 Ei • 4–5 EL gemahlene Mandeln • 2 fettarme Camemberts (à 125 g, 30 % Fett i. Tr.) • 1–2 EL Butterschmalz • 2 EL Preiselbeeren (aus dem Glas) • 2 Scheiben Eiweißbrot

● Das Ei in einem tiefen Teller verquirlen. Die Mandeln in einen weiteren tiefen Teller geben.

● Das Butterschmalz in einer Pfanne erhitzen. Die Camemberts rundherum zuerst in Ei, dann in den Mandeln wenden. In die Pfanne geben und von beiden Seiten 3–4 Min. bei mittlerer Hitze anbraten.

● Mit den Preiselbeeren und dem Eiweißbrot servieren.

Das passt dazu Feldsalat

Mit Parmesan überbacken
Überbackene Eier

KH pro Portion 6 g
Für 2 Portionen • preisgünstig
⊘ 15 Min. + 15 Min. Backzeit

4 hart gekochte Eier • 1 Frühlingszwiebel • 4 eingelegte getrocknete Tomaten • 2 EL Crème fraîche • Salz • Pfeffer, frisch gemahlen • 2 EL frisch geriebener Parmesan

● Den Backofen auf 180 Grad (Umluft 160 Grad) vorheizen. Die Eier pellen und halbieren. Die Eigelb herauslösen und in eine Schüssel geben. Die Frühlingszwiebel waschen, putzen (dabei auch dunkelgrüne Blätter entfernen) und in feine Ringe schneiden. Die Tomaten sehr klein schneiden.

● Die Eigelb mit Frühlingszwiebeln, Tomaten und Crème fraîche mischen. Mit Salz und Pfeffer würzen. Die Masse mit einem Teelöffel in die Eiweißhälften füllen.

● Die Hälften in eine feuerfeste Form legen und mit dem Parmesan bestreuen und im heißen Ofen auf mittlerer Schiene ca. 15 Min. backen.

Das passt dazu Lecker mit einem großen gemischten Salat

Sahnige Sauce mit Gorgonzola
Pasta mit Brokkoli-Käse-Sauce

KH pro Portion 34 g
Für 2 Portionen • geht schnell
⊘ 25 Min.

500 g Brokkoli • 1 kleine Zwiebel • 1 Knoblauchzehe • 75 g würziger Gorgonzola • 30 g Walnusskerne • 75 g Farfalle (oder andere Nudelsorte) • Salz • ½ EL Öl • 50 g Sahne • Pfeffer, frisch gemahlen

● Den Brokkoli waschen und in kleine Röschen zerteilen. Zwiebel und Knoblauch abziehen und fein würfeln. Den Gorgonzola in Stücke schneiden. Die Walnüsse hacken.

● Die Nudeln nach Packungsangabe in kochendem Salzwasser al dente kochen. Den Brokkoli in kochendem Salzwasser 5 – 10 Min. bissfest gar kochen.

● Inzwischen in einem kleinen Topf das Öl erhitzen und Zwiebeln und Knoblauch darin andünsten. Die Sahne und 50 ml Wasser zugießen und den Gorgonzola darin bei geringer Hitze schmelzen lassen. Die Sauce mit Salz und Pfeffer abschmecken.

● Brokkoli und Nudeln abgießen und auf zwei Teller verteilen. Mit der Sauce übergießen und mit den Walnüssen bestreuen.

Köstliche Kombination

Spargel-Ei-Ragout

KH pro Portion 18 g
Für 2 Portionen • gelingt leicht
⊘ 40 Min.

500 g weißer Spargel • 500 g grüner Spargel • 1 Frühlingszwiebel • 1 EL Butter • 200 ml Gemüsebrühe • 4 Eier •
50 ml Milch • 1 EL Speisestärke • Salz • Pfeffer, frisch
gemahlen • Cayennepfeffer • 1 EL gehackte Petersilie

● Den weißen Spargel schälen, den grünen waschen und
nur im unteren Drittel schälen. Die holzigen Enden abschneiden. Die Frühlingszwiebel waschen, putzen (dabei
auch dunkelgrüne Blätter entfernen) und in feine Ringe
schneiden.

● Die Butter in einer weiten Pfanne bei starker Mittelhitze
erhitzen und den Spargel darin ca. 5 Min. rundherum anbraten (er sollte dabei leicht bräunen). Mit Gemüsebrühe
ablöschen, alles aufkochen und 10 – 15 Min. köcheln
lassen, bis der Spargel weich ist. (Probe mit der Gabel:
Wenn der weiße Spargel sich beim Herausheben – Gabel
mittig – weit durchbiegt, ist er gar.)

● Inzwischen die Eier in 8 Min. hart kochen, abschrecken
und pellen.

● Die Milch mit der Speisestärke mischen und unter das
Spargelragout rühren. Alles einmal aufkochen. Mit Salz,
Pfeffer und Cayennepfeffer würzen. Die Eier dazugeben,
vorsichtig unterrühren und das Ragout mit Petersilie
bestreut servieren.

In der kalten Jahreszeit

Käsefondue

KH pro Portion 13 g
Für 2 – 3 Portionen • gelingt leicht
⊘ 20 Min.

200 g Emmentaler • 200 g Greyerzer • 1 Knoblauchzehe •
3 Eiweiß-Brötchen • 200 ml Weißwein • 2 TL Speisestärke •
2 cl Kirschwasser (nach Belieben) • Pfeffer, frisch gemahlen • Muskatnuss • 2 Eiweißbrötchen • Außerdem:
Fonduetopf mit Rechaud

● Den Käse grob reiben. Die Knoblauchzehe halbieren
und den Fonduetopf damit einreiben. Die Brötchen in
mundgerechte Stücke schneiden.

● Den Wein erhitzen und den Käse nach und nach
unter Rühren zugeben. So lange rühren, bis der Käse ge-
schmolzen ist und sich mit dem Wein verbunden hat.

● Die Speisestärke mit dem Kirschwasser (alternativ
mit 20 ml Wasser) verrühren und unter die Käsemasse
mischen. Unter Rühren aufkochen lassen. Mit Pfeffer
und Muskatnuss abschmecken.

● Den Topf bei Tisch auf ein Rechaud stellen und bei
geringer Hitze die Masse am Siedepunkt halten.
Die Brötchen in kleine Stücke schneiden und das Fondue
die Stücke eintauchend genießen.

Vegetarisch grillen

Halloumi-Gemüse-Spieße mit Tzaziki

KH pro Portion 11 g
Für 2 Portionen • gut vorzubereiten
⊘ 25 Min. + 15 Min. Marinierzeit

Für das Tzaziki:
- ½ Gurke
- Salz
- 100 g griechischer Naturjoghurt (10 %)
- 1 Knoblauchzehe
- Pfeffer

Für die Spieße:
- 250 g Halloumi (zypriotischer/ griechischer/türkischer Pasta-Filata-Käse)
- 1 kleine Zucchini
- 8 kleine Cocktailtomaten
- Außerdem: 4 Schaschlikspieße

Für die Marinade:
- 1 Knoblauchzehe
- 2 Zweige Oregano
- 2 Zweige Thymian
- 5 EL Olivenöl

● Für das Tzaziki die Gurke schälen und grob raspeln. Die Gurkenraspel in eine Schüssel füllen, salzen und Saft ziehen lassen.

● Inzwischen für die Spieße den Käse in 16 gleich große Stücke schneiden. Die Zucchini waschen, putzen und in 8 Scheiben schneiden. Die Tomaten waschen. Die Zutaten gleichmäßig auf die Schaschlikspieße verteilen und aufspießen.

● Für die Marinade die Knoblauchzehe abziehen und durchpressen. Die Kräuter waschen und trocken schütteln. Die Blättchen abzupfen und hacken. Knoblauch und Kräuter mit 4 EL Olivenöl vermischen und die Spieße damit einpinseln. Die Spieße beiseitestellen und 15 Min. ziehen lassen.

● Mit dem restlichen Öl eine Grillpfanne (oder einer normale Pfanne) einölen. Die Pfanne erhitzen und die Spieße darin rundherum anbraten.

● Inzwischen die Gurkenraspel mit der Hand oder mithilfe eines sauberen Geschirrtuchs ausdrücken. Den Joghurt in eine Schüssel füllen und glatt rühren. Die Knoblauchzehe abziehen und hineinpressen. Joghurt und Gurke mischen und mit Pfeffer würzen. Zu den Spießen servieren.

Tipp Dieses Gericht eignet sich sehr gut zum Grillen im Sommer.

Panierter Tofu mit Möhrenpüree

Das schmeckt Kindern

Panierter Tofu mit Möhrenpüree

KH pro Portion 19 g
Für 2 Portionen • preisgünstig
⊘ 20 Min. + 20 Min. Marinierzeit

Für den Tofu: 200 g Tofu • 2 EL Soja-
sauce • 1 EL Mehl • 1 Ei • 50 g Sesam-
samen • 2 EL Butterschmalz
Für das Püree: 300 g Möhren • 1 EL
Öl • 100 ml Gemüsebrühe • Salz •
Pfeffer, frisch gemahlen

● Den Tofu in 2 dünne Scheiben
schneiden, flach in eine Schale legen
und mit der Sojasauce beträufeln.
Die Tofuscheiben 20 Min. marinie-
ren, zwischendurch wenden.

● Für das Püree die Möhren schälen,
putzen und in Scheiben schneiden.
In einem Topf im heißen Öl kurz
anbraten, mit der Gemüsebrühe
ablöschen, aufkochen und alles ca.
20 Min. gar kochen.

● Mehl, das verquirlte Ei und den
Sesam jeweils in einen tiefen Teller
geben. Den Tofu erst in Mehl wenden, dann in Ei und zuletzt in
Sesam. Das Butterschmalz erhitzen
und die Tofuscheiben darin von
beiden Seiten 3–5 Min. braten. Die
Möhren pürieren und alles mit Salz
und Pfeffer abschmecken.

Für Grill oder Pfanne

Tofu-Champignon-Spieße

KH pro Portion 10 g
Für 2 Portionen • gut vorzubereiten
⊘ 20 Min. + 30 Min. Marinierzeit

16 kleine Champignons • 200 g Tofu •
1 walnussgroßes Stück Ingwer •
4 EL Limettensaft • 1 EL Sojasauce •
3 EL Öl • Pfeffer • 1 EL Butterschmalz • 2 Scheiben Eiweißbrot •
Außerdem: 4 Schaschlikspieße

● Die Champignons mit einem Tuch
abreiben, um Erd- und Sandreste zu
entfernen, und die Stiele entfernen.
Den Tofu in 12 gleich große Stücke
schneiden. Tofu und Pilze abwech-
selnd auf die Spieße stecken. Die
Spieße in eine flache Schale legen.

● Den Ingwer schälen und fein reiben. Ingwer, Limettensaft, Sojasauce
und Öl verrühren. Mit Pfeffer würzen. Diese Marinade über die Spieße
geben und diese darin ca. 30 Min.
ziehen lassen.

● Das Butterschmalz in einer Pfanne
erhitzen und die Spieße darin rundherum anbraten. Mit dem Brot servieren.

Das passt dazu Lecker mit Tomaten-
salat aus reifen, aromatischen
Tomaten

Tofu mit schöner Konsistenz

Frittierter Tofu mit Butter-Bohnen

KH pro Portion 17 g
Für 2 Portionen • gelingt leicht
⊘ 35 Min. + 30 Min. Marinierzeit

200 g Tofu • 2 EL helle Sojasauce •
400 g grüne Bohnen • 2 Zweige Bohnenkraut • Salz • 300 ml Öl • 8 Cocktailtomaten • 1 EL Butter • Pfeffer

● Den Tofu in Würfel schneiden,
diese mit der Sojasauce beträufeln
und 30 Min. ziehen lassen. Die Bohnen waschen und putzen. Das Bohnenkraut waschen. Die Bohnen mit
dem Bohnenkraut in kochendem
Salzwasser in 10–15 Min. gar
kochen.

● Das Öl erhitzen, den Tofu mit
Küchenpapier abtupfen und
portionsweise im 180 Grad heißen
Öl frittieren.

● Die Tomaten waschen und halbieren. Die Bohnen abgießen und das
Bohnenkraut entfernen. Die Butter
im Bohnentopf erhitzen und die
Tomaten darin kurz andünsten. Die
Bohnen zugeben und in der Butter
schwenken. Die Butter-Bohnen mit
dem frittierten Tofu servieren.

Schönes Pfannengericht

Sesamgemüse
mit Tofuwürfeln

KH pro Portion 21 g
Für 2 Portionen • gelingt leicht
⏱ 25 Min.

2 Möhren • 1 Zucchini • 1 rote oder gelbe Paprikaschote •
1 kleine Zwiebel • 2 kleine Tomaten • ¼ Bund Petersilie •
300 g Tofu • 2 EL Sesamsamen • 2 EL Öl • 2 EL frisch geriebener Meerrettich (oder geriebener Meerrettich aus dem
Glas) • Salz • Pfeffer, frisch gemahlen

● Möhren schälen und putzen. Zucchini und Paprikaschote waschen und putzen. Möhren und Zucchini längs
halbieren, längs erst in dünne Scheiben, dann quer in
dünne Streifen schneiden. Die Paprika ebenfalls in dünne
Streifen schneiden.

● Die Zwiebel abziehen und fein würfeln. Die Tomaten
waschen und würfeln. Die Petersilie waschen und trocken
schütteln, die Blättchen abzupfen und hacken. Den Tofu in
mundgerechte Würfel schneiden.

● Den Sesam in einer trockenen Pfanne rösten, bis er
duftet, dann beiseitestellen. 1 EL Öl in einem Topf erhitzen
und die Zwiebeln darin glasig dünsten. Möhren zugeben
und kurz anbraten. Zucchini, Paprika, Tomaten und Meerrettich zugeben und alles anbraten.

● Während das Gemüse brät, den Tofu im übrigen Öl
rundherum anbraten. Mit dem Gemüse und der Petersilie
mischen, mit Salz und Pfeffer würzen und das Gericht mit
Sesam bestreuen.

Fein mit Emmentaler gefüllt

Tofu-Cordon-bleu
mit Paprikagemüse

KH pro Portion 17 g
Für 2 Portionen • gut vorzubereiten
⏱ 25 Min.

Für den Tofu: 200 g Räuchertofu • 1 Scheibe Emmentaler •
1 Handvoll Rukola • 1 EL Mehl • 1 Ei • 2 EL gemahlene
Mandeln • 2 EL Butterschmalz
Für das Gemüse: 2 Zwiebeln • 2 Paprikaschoten • 1 EL Olivenöl • 50 ml Gemüsebrühe • Salz • Pfeffer, frisch gemahlen

● In den Räuchertofu mit einem scharfen Messer an einer
Seite eine Tasche hineinschneiden, dabei an drei Seiten
einen Rand von 1 cm belassen. Den Emmentaler in Stücke
schneiden, sodass er in die Tasche passt. Den Rukola
waschen, trocken schütteln und grob hacken. Einen Teil
davon mit dem Emmentaler in die Tasche stecken.

● Für das Gemüse die Zwiebeln abziehen und in feine
Streifen schneiden. Die Paprika putzen, waschen und
vierteln. Die Viertel ebenfalls in Streifen schneiden.

● Das Mehl, das verquirlte Ei und die gemahlenen Mandeln jeweils in einen tiefen Teller geben. Den Tofu erst in
Mehl, dann in Ei und zuletzt in den Mandeln wenden.

● Butterschmalz erhitzen und den Tofu von beiden Seiten
bei mäßiger bis mittlerer Hitze jeweils ca. 5 Min. anbraten.

● Inzwischen die Zwiebeln im heißen Öl andünsten. Die
Paprika zugeben. Mit Gemüsebrühe ablöschen und alles
köcheln lassen. Mit Salz und Pfeffer würzen und mit dem
Tofu servieren.

Hausmannskost vegetarisch

Tofuklößchen auf Lauchgemüse

KH pro Portion 13 g
Für 2 Portionen • gelingt leicht
⊘ 35 Min.

1 dicke Stange Lauch • ½ Bund Petersilie • 200 g fester Tofu • 1 Ei • 1 EL Semmelbrösel • 1 TL Zitronenabrieb • 1 TL scharfer Senf • Salz • Pfeffer, frisch gemahlen • Mehl (nach Bedarf) • 600 ml Gemüsebrühe • 1 EL Olivenöl • Muskatnuss • 50 g Sahne

● Den Lauch längs halbieren, gründlich waschen und gut trocken schütteln. Die Stangen quer in feine Streifen schneiden.

● Die Petersilie waschen und trocken schütteln, die Blättchen abzupfen und fein hacken. Den Tofu wenn nötig abtupfen, dann mit einer Gabel fein zerdrücken. Mit Petersilie, Ei, Zitronenabrieb, Senf, Salz und Pfeffer gut mit den Händen verkneten. Falls die Masse noch nicht zusammenhält, etwas Mehl zugeben. Zu kleinen Klößchen formen.

● 500 ml Gemüsebrühe aufkochen und die Klößchen darin bei geringer Hitze ca. 10 Min. ziehen lassen.

● Inzwischen das Öl erhitzen und die Lauchstreifen darin anbraten. Mit der übrigen Gemüsebrühe ablöschen und 5 Min. köcheln lassen.

● Den Lauch mit Salz, Pfeffer und Muskatnuss abschmecken. Die Klößchen mit einem Schaumlöffel aus der Brühe heben und mit dem Gemüse servieren.

Fruchtig mit Kokosmilch

Tofu mit Ananasgemüse

KH pro Portion 20 g
Für 2 Portionen • gelingt leicht
⊘ 25 Min.

1 Stange Lauch • 2 dünne Möhren • ½ Ananas • 1 ½ EL Öl • 200 ml Kokosmilch • 1 TL gekörnte Gemüsebrühe • 1 TL Currypulver • 250 g Räuchertofu • 100 g saure Sahne

● Den Lauch längs einschneiden, waschen, trocken tupfen und schräg in Scheiben schneiden. Die Möhren schälen und in dünne Scheibchen schneiden. Die Ananashälfte schälen, den inneren Strunk entfernen und das Fruchtfleisch in mundgerechte Stücke schneiden.

● 1 EL Öl erhitzen und den Lauch kurz darin anbraten. Die Möhren zugeben und ebenfalls anbraten. Ananas, Kokosmilch, gekörnte Gemüsebrühe und das Currypulver zugeben und alles 5 – 10 Min. köcheln lassen.

● In der Zwischenzeit den Tofu in Würfel schneiden und im restlichen Öl rundherum anbraten. Die saure Sahne zum Gemüse geben und unterrühren. Das Ananasgemüse mit den Tofuwürfeln servieren.

Schöne Kombination

Soja-Geschnetzel-tes mit Fenchel

KH pro Portion 21 g
Für 2 Portionen • gelingt leicht
⊘ 25 Min.

150 g Soja-Geschnetzeltes mit Kräutern (Fertigprodukt, z. B. von Davert) • 1 Fenchelknolle • 1 EL Öl • 50 ml Gemüsebrühe • 150 g Crème fraîche • 2 EL Mehl

● Das Soja-Geschnetzelte in einen Topf geben und 700 ml heißes Wasser zugießen. 20 Min. köcheln lassen.

● Inzwischen den Fenchel waschen, putzen und vierteln. Die Viertel in Streifen schneiden. Das Öl in einer Pfanne erhitzen und den Fenchel darin anbraten. Mit Gemüsebrühe aufgießen und den Fenchel 5 Min. schmoren lassen.

● Crème fraîche mit dem Mehl verrühren und zu dem Geschnetzelten geben. Unter Rühren einmal aufkochen und abbinden. Zuletzt den Fenchel untermischen.

Für den großen Appetit

Spaghetti mit Veggie-Bolognese

KH pro Portion 35 g
Für 2 Portionen • gut vorzubereiten
⊘ 25 Min.

200 g Tofu • 1 kleine Zwiebel • 1 Knoblauchzehe • 2 EL Olivenöl • 4 EL Tomatenmark • 100 ml Gemüsebrühe • 100 ml Rotwein • 100 g passierte Tomaten • 1 EL getrockneter Oregano • 60 g Spaghetti • Salz • Pfeffer, frisch gemahlen • 2 EL frisch geriebener Parmesan

● Den Tofu mit einer Gabel zerbröseln. Zwiebel und Knoblauch abziehen, fein würfeln und im heißen Olivenöl glasig andünsten. Die Tofubrösel zugeben und hellbraun anbraten. Das Tomatenmark zugeben und kurz anrösten.

● Mit der Gemüsebrühe ablöschen, den Rotwein zugeben und alles aufkochen. 5 Min. einkochen lassen. Die Tomaten und den Oregano zugeben und aufkochen. 10 Min. köcheln lassen.

● In der Zwischenzeit die Spaghetti nach Packungsangabe al dente kochen. Die Sauce mit Salz und Pfeffer abschmecken, in tiefe Teller geben und die Spaghetti zu Nestern geformt daraufsetzen. Mit Parmesan bestreut servieren.

Herrlich würzig

Veggie-Gyros mit Paprikagemüse

KH pro Portion 17 g
Für 2 Portionen • geht schnell
⊘ 20 Min.

2 gelbe Paprikaschoten • 2 Tomaten • 1 kleine Zwiebel • 1 Knoblauchzehe • 1 EL Öl • 1 TL getrocknete Kräuter der Provence • 200 g Veggie-Gyros (Fertigprodukt) • Salz • Pfeffer, frisch gemahlen

● Paprikaschoten putzen, waschen und in kleine Stücke schneiden. Die Tomaten waschen, vierteln und dabei die Stielansätze entfernen. Die Tomatenviertel quer in Scheiben schneiden.

● Zwiebel und Knoblauch abziehen, fein würfeln und im heißen Öl glasig andünsten. Paprika zugeben und ebenfalls andünsten. Dann die Tomaten und Kräuter der Provence zugeben und das Ganze ein paar Minuten köcheln lassen.

● In der Zwischenzeit das Gyros in einer weiteren Pfanne nach Packungsangabe ca. 5 Min. braten. Das Gemüse mit Salz und Pfeffer würzen und zum Gyros servieren.

Das passt dazu Lecker mit einem grünen Salat

Spaghetti mit Veggie-Bolognese

DESSERTS

Feine Quarkcreme

Cappuccino-Dessert

KH pro Portion 2 g
Für 2 Portionen • preisgünstig
⊘ 10 Min.

100 g Sahne • 250 g Quark • 3 EL kalter Espresso (oder starker Kaffee) • Süßstoff nach Belieben • Kakaopulver zum Bestäuben

● Die Sahne steif schlagen. Den Quark cremig rühren.

● Erst den Espresso unter den Quark rühren, von der Sahne 2 EL abnehmen und beiseitestellen, dann den Rest unter den Kaffee-Quark ziehen. Mit Süßstoff abschmecken.

● Den Kaffee-Quark in zwei Tassen füllen und die restliche Sahne daraufgeben. Mit Kakaopulver bestäuben.

Tipp Wem die Creme zu flüssig ist, der kann sie mit 1 – 2 Blatt Gelatine zubereiten. Dazu die Gelatine in dem noch gut warmen Kaffee auflösen und zügig in den Quark rühren. Die fertige Creme mindestens 2 Stunden in den Kühlschrank stellen.

Schön für Gäste

Orangen-Parfait

KH pro Portion 13 g
Für 2 Portionen • gut vorzubereiten
⏱ 15 Min. + 4 Stunden Kühlzeit

1 Bio-Orange • 1 Ei (Größe L) • 1 Päckchen Vanillezucker •
100 g Sahne • 1 EL gehackte Mandeln • Außerdem:
2 Souffléförmchen (à ca. 150 ml)

● Die Orange waschen, abtrocknen und 1 TL Schale fein
abreiben. Von der Orange mit einem sehr scharfen Messer
die Schale herunterschneiden, sodass nur noch das
Fruchtfleisch übrig bleibt. Die Orangenfilets zwischen
den Trennhäutchen herausschneiden, dabei den Saft
auffangen. Die Filets kühl stellen.

● Das Ei trennen. Das Eiweiß steif schlagen. Das Eigelb mit
dem Vanillezucker weiß cremig aufschlagen. Die Sahne
ebenfalls steif schlagen.

● Eischnee, Sahne und den aufgefangenen Orangensaft
auf die Eigelbmasse geben und vorsichtig unterheben.
Die Parfaitmasse auf die Souffléförmchen verteilen und
im Tiefkühlfach 4 Stunden gefrieren lassen.

● In der Zwischenzeit die Mandeln in einer trockenen
Pfanne rösten, bis sie duften. Abkühlen lassen.

● Die Förmchen kurz in heißes Wasser stellen. Die Parfaits
am Rand rundum mit einem Messer lösen, auf zwei Teller
stürzen, mit den Orangenfilets umlegen und mit den
Mandeln bestreut servieren.

Ein tolles Winter-Dessert

Sharon-Türmchen

KH pro Portion 14 g
Für 3–4 Portionen • braucht etwas mehr Zeit
⏱ 15 Min. + 3 Stunden Kühlzeit

1 reife Sharonfrucht (Kaki) • ½ gestr. TL Agar-Agar • 100 g
Sahne • 125 g Quark • Süßstoff nach Belieben • 40 g Schokocornflakes • Außerdem: 4 kleine Servierringe

● Die Sharonfrucht waschen, halbieren und den Stielansatz entfernen. Das Fruchtfleisch in kleine Würfel
schneiden oder pürieren.

● Agar-Agar in einem kleinen Topf mit 50 ml Wasser
verrühren, aufkochen und nach Packungsangabe 1 Min.
köcheln lassen. Von der Kochstelle nehmen und etwas
abkühlen lassen.

● Die Sahne steif schlagen. Den Quark cremig rühren,
nach und nach zum Agar-Agar geben und unterrühren.
Sahne und Sharonwürfel bzw. -mus unterziehen.
Die Sharoncreme nach Geschmack mit Süßstoff süßen.

● Die Hälfte der Schokocornflakes in einem Gefrierbeutel
leicht zerbröseln. Die Servierringe auf Dessertteller stellen
und die zerbröselten Schokocornflakes darin verteilen. Die
Creme daraufgeben und im Kühlschrank 2 – 3 Stunden
kühl stellen.

● Vor dem Servieren die Creme vorsichtig mit einem
scharfen Messer an der Innenseite der Ringe entlang-
fahrend aus den Servierringen lösen und die Ringe
entfernen. Die übrigen Schokocornflakes auf die Creme
geben und alles servieren.

Orangen-Parfait

Mit frischen Himbeeren

Buttermilchkalt-schale

KH pro Portion 14 g
Für 2 Portionen • geht schnell
⊘ 5 Min.

150 g Himbeeren • 250 g Butter-milch • 1 TL Honig • 1 EL Instant-Haferflocken • Süßstoff

● Die Himbeeren waschen, trocken tupfen und verlesen. Die Buttermilch mit Honig und den Instant-Hafer-flocken gut verrühren. Mit Süßstoff abschmecken.

● Die Buttermilch auf 2 Schalen verteilen und mit den Himbeeren bestreuen.

Ganz fix fertig

Papaya-Joghurt

KH pro Portion 11 g
Für 2 Portionen • geht schnell
⊘ 5 Min.

½ kleine Papaya (250 g) • 300 g Naturjoghurt (3,5 %) • 1 Spritzer Zitronensaft • Süßstoff nach Belieben

● Die Papaya längs halbieren und mit einem Löffel die Kerne aus der Papayahälfte herauslösen. Dann das Fruchtfleisch ebenfalls mit einem Löffel aus der Schale lösen. Die Hälfte in kleine Würfel schneiden, den Rest pürieren.

● Das Papayamus mit dem Joghurt vermischen. Zitronensaft und nach Belieben Süßstoff untermischen. Zuletzt die Papayawürfel vorsichtig unterheben.

Tipp Natürlich sollte die Papaya für diesen Fruchtjoghurt schön reif sein. Das erkennen Sie an einer rot-gelb-grünen Schale – nur grün bedeutet „unreif" –, die auf leichten Druck etwas nachgibt. Unreife Papayas rei-fen bei Zimmertemperatur in einigen Tagen nach.

Erwachsenen-Nachtisch

Mandarinen-Sekt-Gelee

KH pro Portion 12 g
Für 3 – 4 Portionen •
braucht etwas mehr Zeit
⊘ 10 Min. + 4 Stunden Kühlzeit

1 Dose Mandarinen (175 g Abtropf-gewicht) • ½ gestr. TL Agar-Agar • 100 ml Orangensaft • 100 ml Sekt • 1 – 2 Spritzer Süßstoff • 50 g Sahne • Zimtpulver zum Bestäuben

● Die Mandarinen abtropfen lassen und auf Gläser verteilen. Agar-Agar in einem kleinen Topf mit dem Oran-gensaft verrühren und unter Rühren nach Packungsangabe 1 Min. köcheln lassen. Von der Kochstelle nehmen und etwas abkühlen lassen.

● Den Sekt und den Süßstoff nach und nach zugeben und unterrühren. Alles in die Gläser gießen und etwa 4 Stunden in den Kühlschrank stellen.

● Die Sahne steif schlagen und auf das Gelee geben. Mit dem Zimtpulver bestäuben.

Variante In Sektgläser gefüllt wird dieses Dessert zum Hingucker. Dann das Sahnehäubchen nach Belieben mit Minze- oder Zitronenmelisse-blättchen oder auch mit einer Zimt-stange garnieren.

Erfrischendes Dessert

Blutorangen-Granité

KH pro Portion 17 g
Für 2 Portionen • gut vorzubereiten
⏱ 10 Min. + 3 Stunden Kühlzeit

4 Blutorangen (alternativ saftige Orangen) • 2 EL Limettensaft • 1 Spitzer flüssiger Süßstoff (nach Belieben) • 50 g Vanillejoghurt

● Die Blutorangen halbieren und auspressen. Den Saft mit dem Limettensaft mischen und nach Belieben mit Süßstoff abschmecken.

● Den Saft in eine flache (Alu-)Schale füllen und im Tiefkühlfach mindestens 3 Stunden gefrieren lassen, dabei das Granité jeweils nach ca. 30 Min. mit einer Gabel oder einem Spatel durchmischen.

● Das Granité zusammen mit dem Joghurt servieren.

Gehaltvoll aus dem Ofen

Überbackene Mango

KH pro Portion 7 g
Für 3–4 Portionen • gut vorzubereiten
⏱ 10 Min. + 20 Min. Backzeit

1 kleine Mango • ½ Vanilleschote • 2 Eigelbe • 100 g Crème fraîche • Süßstoff

● Den Backofen auf 200 Grad (Umluft 180 Grad) vorheizen. Die Mango schälen, das Fruchtfleisch erst vom Kern und dann die Hälften längs in Streifen schneiden. Diese in eine kleine Auflaufform legen.

● Die Vanilleschote längs aufschlitzen und das Mark herauskratzen. Die Eigelbe mit Crème fraîche verrühren, mit Süßstoff abschmecken und die Creme über die Mangostücke geben. Im heißen Ofen auf der mittleren Schiene 20 Min. backen.

Dessert oder süße Hauptspeise

Quarkstrudel

KH pro Portion 9 g
Für 4 Portionen (2 Portionen als
Hauptgericht) • preisgünstig
⊙ 15 Min. + 45 Min. Backzeit

2 Eier • Salz • 3 EL zimmerwarme Butter • 1 EL Zucker •
250 g Magerquark • 1 TL abgeriebene Zitronenschale •
1 Spritzer Süßstoff • 1 Blatt Strudelteig (à 33 g)

● Den Backofen auf 180 Grad (Umluft 160 Grad) vorheizen. Die Eier trennen und das Eiweiß mit 1 Prise Salz
steif schlagen. 1 EL Butter mit dem Zucker mit dem Hand-
rührgerät schaumig rühren. Die Eigelbe zugeben und
kurz unterrühren. Quark, Zitronenschale und Süßstoff
dazugeben und ebenfalls unterrühren.

● Die übrige Butter schmelzen. Den Strudelteig ausbreiten
und dünn mit etwas Butter bestreichen. Die Quarkmasse
darauf verteilen, dabei einen ca. 2 cm breiten Rand frei
lassen.

● Die Ränder zweier gegenüberliegender Seiten über die
Füllung schlagen und den Strudel von einer der anderen
Seiten her locker aufrollen. Auf die Naht legen, mit der
restlichen Butter bestreichen und im heißen Backofen auf
der mittleren Schiene 40–45 Min. backen.

Österreichische Spezialität

Salzburger Nockerl

KH pro Portion 15 g
Für 2–3 Portionen • preisgünstig
⊙ 10 Min. + 10 Min. Backzeit

½ EL Butter • 2 Eier • 2 gestr. EL Zucker • Mark aus
½ Vanilleschote • 1 gestr. EL Mehl • 1 kleine Auflaufform
(ca. 18 cm) • Puderzucker zum Bestäuben

● Den Backofen auf 200 Grad (Umluft 180 Grad) vorheizen. Die Butter in die Auflaufform geben und im Ofen
erhitzen.

● Inzwischen die Eier trennen. Das Eiweiß zu einem sehr
steifen Schnee schlagen.

● Die Eigelbe mit dem Zucker und dem Vanillemark mit
den Schneebesen des Handrührgeräts cremig verrühren
und auf den Eischnee geben. Das Mehl daraufsieben und
mit dem Zucker sehr behutsam unterheben (dazu zwei
Gabeln verwenden).

● Die Eimasse mit einem Löffel so in die Auflaufform
geben, dass 2–3 »Berge« entstehen. Im heißen Ofen auf
der untersten Schiene ca. 10 Min. backen, sodass die
Nockerl leicht gebräunt sind. Mit Puderzucker bestäuben
und sofort servieren.

Quarkstrudel

KOCHEN FÜR GÄSTE

Grüße aus Südtirol

Gefüllte Spinatklößchen mit Salbeibutter

KH pro Portion 18 g
Für 2 Portionen • gelingt leicht
🕑 45 Min.

400 g Spinat (oder 350 g TK-Spinat) • 150 g Ricotta • 1 Ei-gelb • 1 EL Semmelbrösel • 2 EL Hartweizengrieß • Salz • Pfeffer, frisch gemahlen • Muskatnuss • 12 Parmesanwürfel (Fertigprodukt, alternativ 100 g Parmesan, in Würfel ge-schnitten) • 1 Zweig Salbei • 2 EL Butter

● Den Spinat waschen und putzen. Den Spinat in kochen-dem Wasser zusammenfallen lassen und in ein Sieb abgießen. Den Spinat ausdrücken und klein hacken.

● Ricotta, Spinat, Eigelb, Semmelbrösel und Hartweizen-grieß mischen und mit Salz, Pfeffer und Muskatnuss würzen.

● Salzwasser in einem Topf zum Kochen bringen. Inzwischen die Spinatmasse mit feuchten Händen zu 12 Klößchen formen, dabei je 1 Käsewürfel als Füllung einarbeiten. Die Klößchen im siedendem Wasser ca. 10 Min. gar ziehen lassen.

● Den Salbei waschen, trocken tupfen und die Blätter abzupfen. Die Butter schmelzen und den Salbei darin kurz schwenken.

● Die Spinatklößchen mit der Salbeibutter beträufeln und mit den Salbeiblättern garniert servieren.

Wirsingpäckchen mit Pastinakenpüree

Fein in der kalten Jahreszeit

Wirsingpäckchen mit Pastinakenpüree

KH pro Portion 42 g
Für 2 Portionen • gut vorzubereiten
⊘ 40 Min.

80 g Belugalinsen • 4 große Wirsingblätter • Salz •
300 g Pastinaken • 200 ml Gemüsebrühe • 1 Zwiebel •
1 Knoblauchzehe • 2 EL Öl • ½ TL Zitronensaft • Pfeffer,
frisch gemahlen • 50 – 100 ml heiße Milch • 1 EL Butter •
1 TL Zitronenschale • Außerdem: 4 Zahnstocher

● Die Belugalinsen in 200 ml Wasser 20 – 25 Min. gar
kochen. Die Wirsingblätter waschen und die Mittelrippe
mit einem scharfen Messer flach abschneiden. Eine knap-
pe Handbreit hoch Salzwasser in einem weiten Topf aufkochen und die Wirsingblätter darin 3 Min. blanchieren.
Herausnehmen und abtropfen lassen.

● Für das Püree die Pastinaken schälen und in kleine
Würfel schneiden. In einem Topf in 100 ml Gemüsebrühe
zugedeckt in ca. 15 Min. weich kochen.

● Zwiebel und Knoblauch abziehen und in einer Pfanne im
heißen Öl andünsten. Mit dem Zitronensaft zu den Linsen
geben. Mit Salz und Pfeffer würzen.

● Die Linsenmasse auf den Wirsingblättern verteilen.
Die Seiten der Blätter einklappen und von Seite des Stiel-
ansatzes her aufrollen. Mit je einem Zahnstocher fixieren.
Die Päckchen in die Pfanne geben, 100 ml Gemüsebrühe
angießen, aufkochen und die Päckchen 10 Min. zugedeckt
dünsten.

● Die heiße Milch zu den Pastinaken geben und das
Ganze pürieren. Butter und Zitronenschale unterrühren,
mit Salz und Pfeffer abschmecken. Zu den Wirsingpäckchen servieren.

Ein leckerer Klassiker

Schwarzwurzeln mit Sauce Hollandaise

KH pro Portion 23 g
Für 2 Portionen • gelingt leicht
⊘ 35 Min.

750 g Schwarzwurzeln • 60 ml Weißweinessig • 4 kleine
Kartoffeln • 100 g Butter • 1 Eigelb • 60 ml Weißwein •
Salz • Pfeffer, frisch gemahlen • 1 Spritzer Zitronensaft

● Die Schwarzwurzeln unter fließendem Wasser gründlich abbürsten. In das Spülbecken kaltes Wasser einlaufen
lassen, 50 ml Essig dazugeben und die Schwarzwurzeln
unter Wasser schälen. Anschließend im Wasser liegen
lassen.

● Die Kartoffeln waschen und als Pellkartoffeln in wenig
Wasser zugedeckt ca. 20 Min. gar kochen. Gleichzeitig in
einen zweiten Topf eine Handbreit Wasser und 1 EL Essig
geben und die Schwarzwurzeln (zu lange Stangen halbieren) darin zugedeckt in ca. 20 Min. gar kochen.

● In der Zwischenzeit die Butter schmelzen und leicht
abkühlen lassen. Dann den Schaum mit einem Löffel
abheben. Das Eigelb mit dem Weißwein in einer Metall-
schüssel vermischen. Mit dem Schneebesen über dem
heißen Wasserbad schaumig schlagen. (Das Wasser darf
keinesfalls kochen, sonst gerinnt das Ei.)

● Die Butter teelöffelweise zugeben (oder in sehr dünnem
Strahl einfließen lassen) und unterschlagen. Die Sauce
Hollandaise mit Salz, Pfeffer und Zitronensaft würzen.

● Die Kartoffeln abgießen und pellen. Die Schwarzwurzeln abgießen und beides mit der Sauce servieren.

Pikant gefüllt
Gefüllte Zucchini in Tomatensauce

KH pro KH pro Portion 17 g
Für 2 Portionen • geht schnell
⏱ 30 Min.

1 kleine Zwiebel • 1 Knoblauchzehe • 2 EL Olivenöl • 1 Dose stückige Tomaten (400 g) • Salz • Pfeffer, frisch gemahlen • Zucker • 2 dicke gerade Zucchini à 300 g • 75 g Feta • 3 Zweige Oregano • 100 g Ricotta • 1 Eigelb • Außerdem: Spritzbeutel mit weiter Tülle

● Zwiebel und Knoblauch abziehen, fein würfeln und in einem Topf im heißen Olivenöl andünsten. Tomaten zugeben, mit Salz, Pfeffer und 1 Prise Zucker würzen. Die Sauce 15 Min. köcheln lassen.

● Inzwischen die Zucchini waschen. Die Enden schräg abschneiden und die Zucchini aushöhlen, zunächst von beiden Seiten her mit einem langen, schlanken Messer (Filetier- oder Schinkenmesser). Der mittlere Teil lässt sich mit einem Kochlöffelstiel durchdrücken.

● Den Feta mit einer Gabel fein zerkrümeln. Oregano waschen und trocken schütteln, die Blättchen abzupfen und fein hacken.

● Feta, Ricotta, Eigelb und Oregano mischen und mit etwas Pfeffer würzen. In einen Spritzbeutel mit weiter Tülle geben und die Zucchini damit füllen. Gefüllte Zucchini in die Tomatensauce legen und zugedeckt 10 Min. schmoren lassen. Zum Servieren die Zucchini schräg durchschneiden.

Das passt dazu Wenn es etwas mehr Kohlenhydrate sein dürfen, z. B. zum Mittagessen, lecker mit einer kleinen Portion Wildreis.

Lecker eingerollt
Überbackene Spargelpfannkuchen

KH pro Portion 24 g
Für 2–3 Portionen • gut vorzubereiten
⏱ 40 Min. + 20 Min. Backzeit

50 g Mehl • 40 g gemahlene Mandeln • 2 Eier • 100 ml Milch • Salz • 500 g grüner Spargel • 1 EL Butter • 1 EL Mehl • 200 ml Milch • Pfeffer • Muskatnuss • 4 Scheiben Emmentaler (ca. 100 g) • 50 g Parmesan • 2 EL Butterschmalz zum Ausbacken • Öl für die Form

● 40 g Mehl, gemahlene Mandeln, Eier, Milch und 1 Prise Salz in einer Schüssel mit dem Schneebesen zu einem Pfannkuchenteig verrühren. Diesen etwa 20 Min. quellen lassen.

● Den Spargel waschen, im unteren Drittel schälen und die Enden abschneiden. In kochendem Salzwasser in 8 – 10 Min. gar kochen.

● In der Zwischenzeit die Butter schmelzen und 1 EL Mehl darin anschwitzen. Die Milch unter Rühren zugießen und alles aufkochen. Mit Salz, Pfeffer und Muskatnuss würzen. Bei geringer Hitze köcheln lassen.

● Den Backofen auf 200 Grad (Umluft 180 Grad) vorheizen. Aus dem Pfannkuchenteig in einer Pfanne im heißen Butterschmalz 6 dünne Pfannkuchen backen. Die Pfannkuchen auf die Arbeitsplatte legen. Emmentalerscheiben in Streifen schneiden und auf den Pfannkuchen verteilen.

● Den Spargel darauflegen und die Pfannkuchen aufrollen. Nebeneinander in eine gefettete Auflaufform legen und mit der Sauce übergießen. Den Parmesan reiben und darüberstreuen. Die Spargelpfannkuchen im heißen Ofen auf der mittleren Schiene 20 Min. überbacken.

Gefüllte Zucchini in Tomatensauce

Tolles Essen in großer Runde

Gemüsefondue in Weinteig

KH pro Portion 35 g
Für 3–4 Portionen • gut vorzubereiten
⊘ 45 Min.

- 200 g Brokkoli
- 200 g Blumenkohl
- 200 g Zuckerschoten
- 1 dünne Zucchini
- 70 g kleine Champignons
- 1 kg Pflanzenfett zum Ausbacken

Für die Kräutersauce:
- 100 g Naturjoghurt (3,5 %)
- 100 saure Sahne
- 3 EL gehackte gemischte Kräuter
  (frisch oder TK)
- Salz
- Pfeffer, frisch gemahlen

Für den Ziegenkäse-Dip:
- 75 g Ziegenfrischkäse
- 1 EL Naturjoghurt (3,5 %)
- 1 EL Pinienkerne
- 1 EL gehackte Petersilie
  (frisch oder TK)
- Salz
- Pfeffer, frisch gemahlen

Für den Teig:
- 20 g Butter
- 100 ml trockener Weißwein
- 100 g Mehl
- Salz
- Pfeffer, frisch gemahlen
- Muskatnuss
- 1 Eiweiß

● Alles Gemüse, bis auf die Pilze, waschen und putzen. Brokkoli und Blumenkohl in kleine Röschen teilen, Zuckerschoten in mundgerechte Stücke schneiden. Die Zucchini in Scheiben schneiden. Die Champignons mit einem Tuch abreiben und putzen.

● Für die Kräutersauce den Joghurt mit der sauren Sahne und den Kräutern verrühren. Mit Salz und Pfeffer abschmecken.

● Für den Ziegenkäse-Dip den Frischkäse mit Joghurt und Pinienkernen pürieren. Die Petersilie untermischen. Mit Salz und Pfeffer würzen.

● Die Zuckerschoten in kochendem Salzwasser blanchieren, mit einem Sieblöffel herausnehmen. Dann Brokkoli und Blumenkohl im kochendem Salzwasser 5 – 7 Min. bissfest garen.

● Inzwischen für den Teig die Butter schmelzen und abkühlen lassen. Mit Wein und Mehl verrühren. Mit Salz, Pfeffer und 1 Prise Muskatnuss würzen. Das Eiweiß steif schlagen und unterheben. Den Teig auf zwei Schüsselchen verteilen.

● Brokkoli und Blumenkohl abgießen. Alles Gemüse auf einer Platte anrichten, die Saucen in Schüsselchen füllen. Das Fett in einem Fonduetopf erhitzen. Das Gemüse einzeln auf Fonduegabeln spießen, durch den Teig ziehen und im heißen Fett etwa 2 Min. frittieren.

Lecker mit Ricotta gefüllt
Ravioli mit Basilikumsauce

KH pro Portion 38 g
Für 4 Portionen • braucht etwas mehr Zeit
⊘ 40 Min.

Für die Ravioli: 200 g Hartweizengrieß • ½ TL Salz •
150 g gehackter Spinat (TK) • 150 g Ricotta • Salz • Pfeffer,
frisch gemahlen • frisch geriebene Muskatnuss
Für die Sauce: ½–1 Bund Basilikum • 200 g Ricotta •
200 g Sahne • Salz • Pfeffer, frisch gemahlen
Außerdem: Nudelholz oder Nudelmaschine • Teigrädchen •
2 TL Olivenöl zum Beträufeln

● Den Hartweizengrieß mit 100 ml Wasser und dem Salz
gründlich kneten, bis ein homogener Teig entstanden ist.
In Frischhaltefolie gewickelt ca. 10 Min. ruhen lassen.
Den Spinat auftauen. Mit dem Ricotta mischen und mit
Salz, Pfeffer und Muskatnuss würzen.

● Für die Sauce das Basilikum waschen und trocken
schütteln, die Blätter abzupfen und grob schneiden. Ricotta
und Sahne mischen und bei geringer Hitze erwärmen.

● Den Teig auf einer bemehlten Arbeitsfläche (oder mit
einer Nudelmaschine) möglichst dünn ausrollen. Auf die
Hälfte des Teiges mit einem Teelöffel mit einigen Zenti-
metern Abstand kleine Spinathäufchen setzen. Die andere
Teighälfte darüberklappen und den Teig rund um die Füllung mit den Fingern gut festdrücken. Mit einem Teigrädchen zu rechteckigen Ravioli schneiden und in kochendem
Salzwasser 2–3 Min. ziehen lassen.

● Die Sauce mit Salz und Pfeffer würzen, die Hälfte des
Basilikums einrühren. Die Ravioli mit der Sauce servieren,
mit dem Olivenöl beträufeln und mit dem übrigen Basilikum garnieren.

Mit Mozzarella überbacken
Rote-Bete-Gratin

KH pro Portion 20 g
Für 2 Portionen • gut vorzubereiten
⊘ 20 Min. + 1 Stunde Garzeit + 25 Min. Backzeit

500 g Rote Bete • 200 g Ricotta • 100 g saure Sahne •
2 EL frisch geriebener Meerrettich (oder Sahnemeerrettich
aus dem Glas) • Salz • Pfeffer, frisch gemahlen • ½ Kugel
Mozzarella

● Die Rote Bete waschen und in kochendem Wasser in
45–60 Min. weich kochen. Den Backofen auf 180 Grad
(Umluft 160 Grad) vorheizen. Die Rote Bete abgießen und
etwas abkühlen lassen.

● In der Zwischenzeit Ricotta, saure Sahne und den Meerrettich vermischen. Mit Salz und Pfeffer abschmecken. Den
Mozzarella in kleine Würfel schneiden. Rote Bete schälen
(dazu am besten auf einem Porzellanteller arbeiten, Hand-
schuhe tragen und die Knollen mit einer Gabel festhalten)
und anschließend in Scheiben schneiden.

● Die Hälfte der Rote-Bete-Scheiben in eine Auflaufform
schichten. Mit der Hälfte der Ricottacreme bestreichen.
Die übrigen Rote-Bete-Scheiben darauflegen und die restliche Ricottacreme darauf verteilen. Mit dem Mozzarella
bestreuen. Das Gemüse im heißen Ofen auf der mittleren
Schiene 25 Min. gratinieren.

Variante Schneller geht es, wenn man gegarte Rote Bete
verwendet. Diese einfach wie beschrieben in Scheiben
schneiden und in die Auflaufform schichten.

Supertoll für Gäste

Gefüllte Artischocken mit Selleriepüree

KH pro Portion 10 g
Für 2 Portionen • braucht etwas mehr Zeit
⊘ 1 Stunde

- Salz
- 2 EL Zitronensaft
- 2 große Artischocken (à 250 – 300 g)
- 500 g Knollensellerie
- 2 EL Butter

- 50 ml Gemüsebrühe
- ¼–½ Bund Rukola (ca. 40 g)
- 100 g Quark
- 2 EL geriebener Parmesan
- 1 Eigelb

- 1 TL Butterflöckchen
- Pfeffer
- Muskatnuss
- Öl für die Form und zum Frittieren

● In einem Topf eine Handbreit Salzwasser mit Zitronensaft aufkochen. Inzwischen von den Artischocken die Stiele direkt am Blütenboden abbrechen (das geht am besten über einer Kante) und mit den harten Fäden entfernen. Die kleinen, harten Blätter um den Stielansatz ebenfalls entfernen. Mit einer Schere die Spitzen der äußeren Blätter abschneiden, mit einem scharfen Messer die Spitze der Artischocke großzügig entfernen.

● Die Blätter auseinanderdrücken und mit einem Teelöffel das Heu aus dem Inneren gründlich entfernen. Die Artischocken in kochendem Salzwasser 30 Min. weich garen.

● Inzwischen den Knollensellerie schälen, putzen und in kleine Stücke schneiden. 1 EL Butter erhitzen und den Sellerie darin andünsten. Mit der Gemüsebrühe ablöschen und den Sellerie darin zugedeckt weich kochen.

● Den Backofen auf 200 Grad (Umluft 180 Grad) vorheizen. Die Artischocken aus dem Wasser heben und etwas abkühlen lassen.

● Inzwischen den Rukola waschen, verlesen und trocken tupfen. Ein paar Blätter fein hacken. Diese mit Quark,

1 EL Parmesan und dem Eigelb verrühren. Die Mischung mit Salz würzen, die Artischocken damit füllen.

● Die Artischocken in eine geölte Auflaufform setzen. Mit den Butterflöckchen belegen und dem übrigen Parmesan bestreuen. Im heißen Ofen auf der mittleren Schiene 10 – 15 Min. überbacken.

● Inzwischen in einen kleinen Topf 1 cm hoch Öl füllen und erhitzen. Den Rukola kurz darin frittieren. (Vorsicht! Es spritzt!)

● Den Sellerie in der Gemüsebrühe mit dem Pürierstab pürieren. 1 EL Butter unterrühren. Mit Salz, Pfeffer und Muskatnuss abschmecken und auf der Kochstelle warm halten.

● Die gefüllten Artischocken aus dem Ofen nehmen, auf Teller setzen und mit dem Selleriepüree und dem frittierten Rukola servieren.

Wenig Kohlenhydrate – viel abnehmen

Marion Carrington
Das Low-Carb-Backbuch
€ 12,99 [D]
ISBN 978-3-8304-6896-7

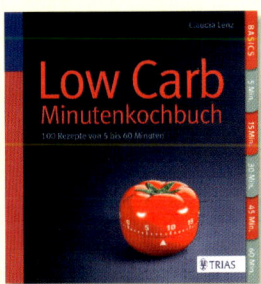

Claudia Lenz
Low Carb Minutenkochbuch
€ 17,99 [D]
ISBN 978-3-8304-8001-3

Sven-David Müller
Low-Carb-Ampel
€ 9,99 [D]
ISBN 978-3-8304-8160-7

Rezeptverzeichnis

Stichwortverzeichnis